読解力は最強の知性である

1%の本質を一瞬でつかむ技術

Comprehension is the strongest form of intelligence.

山口拓朗
Takuro Yamaguchi

「読むのが遅い」
「要点がつかめない」
「コミュニケーションがうまくいかない」

と悩む人は多い。

これらの原因、実は「読解力の低さ」にあります。

読解力とは、文章や発言の意味を理解し、その背景や意図を見抜く能力。
これが低いと、書く、話す、判断する、学習する、問題解決するなど、
あらゆるアウトプットに支障を来《きた》します。

結果として、仕事の生産性が落ち、コミュニケーションや人間関係でも無駄な労力を使うことになります。

一方、読解力のある人は、文章や会話から正確に内容を理解し、物事の本質を瞬時に捉えることができます。対人関係や会議、商談でも高い成果を得られます。

その結果、あの人は「頭がいい」「理解力が高い」「仕事ができる人だ」という評価を得ることができるのです。

では、どうすれば読解力を高められるのか？

読解力を高めるには、読解力が高い人の考え方やノウハウをあなたの頭の
中にインストールする必要があります。

本書はそれをサポートし、あなたの読解力を飛躍的に向上させることを目的としています。

準備はいいですか？　それでは始めましょう。

はじめに

「文章を読むのが遅く、内容も頭に入ってこない」
「説明を聞いても、要点がつかめない」
「指示されたことを理解できず、失敗やミスが多い」
「人の話についていけないことが多い」
「人の気持ちがわからず、うまくコミュニケーションが図れない」

この本を手に取ったあなたは、こんな悩みをお持ちなのではないでしょうか。
これらの症状の根っこには「読解力の低さ」が隠れています。

「読解力」とは、文章や発言の意味を正しく理解したうえで、みずからの頭で考え・分析し、何かしらの解釈や評価をする能力を言います。

それは、文字の意味の把握や、事実の把握だけにとどまらず、その背景にある真意や意図を見抜くところまでを含みます。

読解力は、私たちの人生を支えているOS（基本ソフト）のようなものです。

OSが貧弱だと、「話す」「書く」「判断する」「コミュニケーションを図る」などのアウトプットのソフトウェアが誤作動を起こします。

その結果、仕事や生活、人間関係など人生全般がうまくいかなくなるのです。

人に騙《だま》されやすく、ガセネタやフェイクニュースに踊らされやすいのも、読解力の低い人たちです。

読解力を高める。

これが人生を好転させる最大のポイントです。

OSが強化されれば、当然、ソフトの稼働状況も改善されていきます。

読解力はオセロの黒い石を一気に白に変えるようなパワーを秘めているのです。

とくに重要なのは、情報の「本質をつかむ力」です。

「本質をつかむ」とは、目に見えるものだけでなく、その奥や裏にある根本的な性質（真意、実態、意図、本意、極意など）までを洞察する力を言います。

本質をつかむことで、誤解や誤読を避けることができ、書く、話す、判断する、学習する、問題解決するなど、あらゆるアウトプットの質が高まっていきます。


では、読解力を高めるにはどうすればいいのでしょうか？

高い読解力を持つ人の方法を真似しようにも、彼ら彼女らの頭の中で行なわれている読解プロセスを直接見ることはできません。完全なブラックボックスです。

本書の目的は、そのブラックボックスの中身、つまり「上手に読解する方法」を言葉にして可視化・ノウハウ化することです。

可視化・ノウハウ化することによって、誰でも取り扱い可能となります。

つまり、真似できるようになるのです。

自己紹介が遅れました。私は文章の専門家・山口拓朗と申します。

これまで作家として31冊の本を執筆し、年間約300人にコンサルティングを行ない、年間約100回の講演・研修に登壇してきました。

かつては編集者・記者として3800人以上への取材・インタビューを行ない、100媒体以上で記事の執筆を行なってきました。

また、年間150冊の本を読み、約80本の映画を劇場鑑賞し、200通のメルマガを発行すると同時に、YouTubeをはじめとするSNSでの発信も行なうなど、ワークスタイルもライフスタイルも、情報の「インプット↓アウトプット」の連続です。

こうした活動を支えている基盤が「読解力」です。

読解を誤れば、アウトプットも誤る。読解が浅ければ、アウトプットも浅くなる。

情報を伝えるうえでも、仕事で成果を出すうえでも、他者と信頼関係を構築するうえでも、そのベースとなるのは読解力なのです。

本書では、読解を以下の3つに分けて、それぞれにおける効果的な読解方法をお伝えしていきます。

本質読解：話や文章の核となる意図や真意を読み解く力（第3章）
表層読解：文字通りの意味や明確に示された情報を読み解く力（第4章）
深層読解：話や文章の背景や行間、見えにくい文脈などを読み解く力（第5章）

通常、「表層読解→深層読解→本質読解」の順に読み解いていきますが、本書では、あらゆる場面で当意即妙な対応をしたい方のために、すばやく本質を理解する方法についてもお伝えします。


読解力を伸ばすことで得られるメリットは計り知れません。

話や文章による伝達力が高まり、対人関係では、相手の情報や気持ちを適切に汲み取りながら、気持ちよく建設的なやり取りができるようになります。

仕事では、メールやチャットを含むビジネス文書を書く能力が高まるほか、会議、営業、交渉、プレゼンテーションなど、あらゆる現場でプレゼンスを示すことができるようになるでしょう。

生成ＡＩが出力する文章の「良し悪し」を判断する力も磨かれていくはずです。

また、読解力が高まるほどに知識や教養も深まり、人間的な魅力が増します。どんなボールも適切に受け止められるあなたに、好意・好感を抱く人が増え、周囲からの信頼も高まっていきます。

さらに、情報の取捨選択がうまくなることで、判断や決断に迷いがなくなり、行動力も加速します。

豊富な情報を活かし、魅力的な企画やアイデアを生み出すことも増えるはず。あなたは誰からも頼られる、魅力的な人へと進化することができるのです。

何より、あなた自身が「最強の自信」を手にすることができます。

読解力を磨くことで、あなたの人生が劇的に良くなり、自分でも驚くほどの能力を発揮できるようになります。

それでは、いよいよブラックボックスの中身を公開します。

本書の内容を意識することで、必ず読解力は高まっていきます。

安心してついてきてください。

山口拓朗

読解力は
最強の知性である
CONTENTS

第2章 読解力の前提となる語彙力を鍛える

第3章 本質をつかむための論理力を磨く【本質読解】

第5章 クリティカルに聴く・読む【深層読解】

第1章

なぜ読解力は最強の知性なのか？

読解力は知性を司る最強の能力だ

あらゆるビジネス能力の土台となる読解力

「知性の高い人」と聞いて、どんな人を想像しますか？

論理的思考力や状況判断力が高い人を思い浮かべる人もいれば、語彙力やコミュニケーション力が高い人、教養が豊かな人などを想像する人もいるかもしれません。

たしかに、これらはいずれも知性の高い人の特徴と言えるでしょう。

しかし、それらすべての能力のベースに「読解力」があることは、意外と見過ごされがちです。

「読解力」とは、「言葉や文章、あるいはその場の空気や雰囲気、特定の事象について、その内容を正確に理解・解釈する力」のことです。

読解力が低いと、情報のインプットが正しく行なえず（ズレてしまうため）、その先にあるアウトプット（話す、書くなど）でも、誤解やズレが生じやすくなります。

表立って評価されることが少ない読解力ですが、その重要性に鑑みると、知性を司る最強の能力（＝陰の実力者）と言うことができます。

読解力を磨くことによって、私たちの思考に深みと奥行きが生まれ、読解力と連動するあらゆる能力の質も高まっていくのです。

読み解く対象は文章だけではない

「読解力」と聞くと、文章（テキスト）を読み解くイメージを持つ人も多いでしょう。

もちろん、書類や資料、ニュース記事、メールやチャットなど、文章の内容を理解する際に必要な能力であることには違いありません。

しかし、読解力が対象とするのは、文章だけとは限りません。会話の内容や、対話する相手の気持ちを汲み取る力、さらには、その場の空気感、社会の潮流・潮目などを読み解くことまで含みます。

また、読解力では、「何を」「どこまで」読み解くか、ということも重要です。

たとえば、パートナーとやり取りするチャットで、相手が「だったら好きにすればいいじゃん」と書いてきたとしましょう。

その言葉を額面通りに受け取るなら、「好きにして問題なし」でしょう。

しかし、書き手の本音まで読み解くなら、「私は頭にきています」や「あなたの身勝手さに呆れています」かもしれません。

あるいは「本当に好きにしたら許さないけど！」という可能性もあります。

こうした怒りや失望、警告のサインを見抜けず、「好きにして問題なし」と理解したなら、それは誤った読解ということになります。

このように、真の読解力とは、表面的な言葉の意味だけでなく、その背後にある意図や感情までをも洞察する力を含むのです。

最大の敵は「理解したつもり」という壁

読解における最大の敵は何だと思いますか?

それは「理解したつもり」になってしまうことです。

「理解したつもり」とは、言い換えるなら、「それ以上に理解すべきことは何もない状態」です。

本当に、それ以上に理解すべきことはないのでしょうか?

【情報1】 東京都のA地区は、近年、商業施設の増加により人口が急激に増えています。

情報1を額面通りに読解したうえで、「人口が減少しているこの時代に、人口が急増しているのは驚くべきことだ」「A地区、頑張っているなあ」「パッとしないほかの地区も、A地区をモデルケースにすればいいと思う」という考えや意見に至る人もいるでしょう。

これらが、ひとつの理解であることには違いありません。

では、もうひとつ情報をお読みください。

【情報2】 A地域に昭和時代からあったアーケード街の店舗は、新しい商業施設のオープンに伴う客足の減少や売上の低迷などの影響を受け、この5年で実に4割が閉店に追い込まれました。

また、新しい商業施設ができてから、周辺の道路渋滞や治安悪化などの問題が生じました。

情報2を知ったことで、A地区に対する印象が変わった人もいるでしょう。

もちろん、限られた情報を適切に読み解く力は重要ですが、それだけでは「○○を理解した」とは言えません。

むしろ、私たちが理解している（と思い込んでいる）物事のほとんどが、実は物事のある側面、ある見方のみを捉えているにすぎません。

読解力が高い人たちはいつでも、自分が「理解したつもり」の壁の前で停滞していないか、自身を厳しく監視しています。

深い理解を目指しながらも、一方で、「理解したつもり」にならないよう意識を強めているのです。

・そんなことはわかっている
・（たいして知りもしないのに）ああ、◯◯ね。知っているよ
・◯◯さんってこういう人だよね（と決めつける）

普段からこのような傾向が強い人も危険です。

「理解したつもり」になることは、実は、その人にとって最もラクな状態です。理解したという満足感が得られるうえ、それ以上に頭を使う必要もないからです。

しかし、その状態に甘んじていると、いずれ読解力は低下していきます。


本書を手にしたあなたが立つべき立場は、ただひとつです。

それは、どんなときでも「理解したつもり」にならないこと。

言い方を変えるなら、「わからない」状態を大事にすること。

「わからない」ことを自覚しているから、私たちはその対象への理解を深めていこうという意欲を持つことができるのです。

あなたが今理解している状態の先には、「よりわかる」「もっとわかる」の世界が広がっています。

想像以上に広大な世界です。

その世界を見に行くためにも、「理解したつもり」の壁を乗り越えていきましょう。

読解力とは「テニスでラリーを続ける力」のようなもの

また、読解力とはテニスでラリーを続ける力に似ています。

ラリーを続けるためには、相手が打つさまざまなボールに対応し、確実に打ち返さなければなりません。

いつも打ちやすいところにボールが来るとは限りません。

予想外の速さで飛んでくるボールもあれば、予想とは逆方向に来るボールもあります。

しかし、ラリーを続けるためには、どんなボールにも食らいつき、ラケットで的確に捉える必要があります。

読解力も同じです。

飛んでくる話は、単純で明快なものばかりではありません。真意や本音が隠されたもの、何かしらの思惑が潜んでいるもの、嫌みや皮肉が込められているものなどもあります。

それら一つひとつに適切に対応し、（目的に応じて）打ち返していく力、それこそが読解力です。

どんなボールに対しても、ラケットの芯で確実に打ち返せる人を増やす、つまり、どんな話や情報も正しく読み解ける人を増やすことが、本書の役割です。

読解力の低さはビジネスパーソンにとって致命傷である

情報を正しく読解できない5つのリスク

読解力はあらゆるビジネス能力の土台ですが、それはすなわち、読解力不足であることは、ビジネスパーソンにとって大きなリスクとなることを意味します。

・リスク1：人間関係がギクシャクしやすくなる

情報を正しく読み解けていないため、会話や気持ちが噛み合わず、人間関係がギクシャクしやすくなります。

読解がズレていれば、おのずと手持ちの情報にもズレが生じます。

本人に悪気はなくても、そのズレた情報で誰かに不利益を与え、迷惑をかけてしまう恐れもあります。

・リスク2：仕事で成果を出せない

指示や要望を正しく把握できない結果、仕事で成果を出しにくくなるほか、ミスやトラブルも引き起こしやすくなります。

誤読が原因で仕事が滞り、自社や取引先、お客様などに迷惑をかけてしまうこともあります。

・リスク3：うまく質問できない

情報の理解度が低いと、本題とズレた質問や、トンチンカンな質問をしてしまいがちです。

中には、「何を質問すればいいいか」がわからず、右往左往する人も。たとえ質問できたとしても、相手の返答内容を正しく読み解けない恐れもあります。

・リスク4：質問に答えられない

質問の意味や意図を見抜けず、質問に対してズレた回答をしてしまいがちです。何を聞かれているのかがわからず、答えに窮《きゅう》してしまうこともあります。

その結果、専門性や仕事の能力を疑われ、信頼を損なってしまうこともあります。

・リスク5：デマやフェイクニュースに騙される【短絡脳】

読解力が低い人ほど、デマやフェイクニュースを見抜けず、誤った情報に基づいて、判断・決断を下してしまうことがあります。

中には、そのデマやフェイクニュースを盲信し、周囲に拡散してしまう人もいます。

「低い読解力」を放置しておくことは、「仕事で成果を出すこと」や「人と良好な人間関係を築くこと」を諦めているようなものです。

逆に言えば、読解力を高めることで得られる仕事や人間関係でのリターンは計り知れません。

そう、読解力の有無の差は、微差ではなく大差なのです。

なぜ現代人は読解力が低下しているのか？

年代を問わず、日本人の「読解力」が落ちていると言われています。文部科学省が実施する全国学力・学習状況調査（２０２４年）では、中学3年生の国語の読解問題の平均正答率が48・３%で、前年より15・７ポイント低下しました。

なぜ今、日本人の読解力は落ちているのか——ここでは、７つの要因を見ていきます。

①読書量の低下

本というのは、大量の「言葉」で構成されています。

「本を読む」とは、一つひとつの言葉や文を理解し、数万文字からなる文脈を読み解いていく行為です。

また、その本に書かれているテーマ・内容について、既存の知識（＝言葉）を使いながら深く考える機会でもあります。

本は読解力を養う「超実践の場」なのです。

さらに、読書は「新しい言葉」を獲得する絶好の機会でもあります。

読解には言葉を読み解く作業が含まれるため、「新しい言葉」を獲得すればするほど、読解力は向上していきます。

ところが、文化庁の調査によると、月に1冊も本を読まない人が62・6％にのぼるとのこと。現在、日本人の多くは本を習慣的に読んでいないのです。

読書をしなければ、大きな文脈を読み解く機会は失われ、新しい言葉の獲得も途絶えやすくなります。

読書量の低下がそのまま読解力の低下につながっているのは明らかです。

②会話量の低下

会話というのは、その場で相手の話を理解し、適切に言葉を投げ返すことで成り立つ、まさしくラリーの応酬です。

会話を通じて新しく言葉を獲得するほか、自分が持っている言葉や表現を積極的に使うことによって、読解力はもちろんのこと、言語化力全般が伸びていきます。

ですが、会話の機会が減れば、言葉のインプットとアウトプットが減るため、おのずと読解力は低下していきます。

スマホ（スマートフォン）依存、会議のオンライン化、対面での集まりの減少、テキストベースのやり取りの増加、地域コミュニティの衰退、マスク装着の普及——などの影響で、昨今、人々が直接会話をする機会が減ってきています。

家庭においても、スマホを持って（イヤホンをして）一人ひとりが自分の世界に閉じこもるような傾向が強まっています。

こうした環境の変化により、多くの人が読解力低下の危機に瀕しているのです。

③スマホの受動的使用【思考停止】

スマホで提供されるコンテンツやサービスは、多くの場合、ユーザーに「思考させない」よう設計されています。

ユーザーを動画やゲームやアプリに没頭させることで、提供企業は利益を得ることができるからです。

また、ウェブサイトやSNSを見ていると、ユーザー一人ひとりに最適化した関連動画や関連広告が表示されます。

私たちは、何かを買ったり選んだりするときでさえ、自分の頭で考えていない可能性があるのです。

A地点からB地点に行く際、以前であれば、公共交通機関の時刻表、乗り換え方法などを調べ、移動中も細心の注意を払っていました（いつでも思考していました）。

しかし今では、瞬間的に移動の最短ルートや交通手段などがスマホに表示されるため、考える機会が減ってきています。

人間は思考する際、例外なく言葉を使っています。

「思考しない＝言葉を使わない」です。

思考しなくてもよい生活は一見すると便利ですが、読解力という観点では危惧すべきことだらけです。

最近では、識者の間で「だらだらスマホ」や「ながらスマホ」によって脳疲労が起き、認知能力――思考力や集中力、記憶力、情報処理能力など――が低下する、いわゆる「スマホ認知症」も増えてきています。

目的なくスマホを見続けることが、読解力に悪影響を与えているのです。

④認知機能の低下

読解力と認知機能の関係は、切っても切り離せません。

認知機能とは、五感（視覚、聴覚、触覚、嗅覚、味覚）を通じて得た情報を基に、物事を認識したり、言葉を使いこなしたり、計算・学習・記憶を行なったりする機能のこと。この機能が低いほど、現状認識が難しくなります。

認知機能が高ければ、物事を多角的に見られる（＝全方位からスキャニングできる）ため、より正確に状況を読み解くことができます。

一方、認知機能が低ければ、（自分勝手な解釈を含め）ある特定の見方に限定してしまうため、正確な状況把握ができなくなってしまいます。

加齢や病気によるものを除くと、認知機能の低下には、複数の要因が絡み合っています。

スマホの長時間使用、不規則な生活や過度なストレス状態、（マルチタスクの影響などで）ひとつの物事に集中して取り組む時間の減少、（テクノロジーの発達などで）「情報を受信し→処理し→理解し→活用する」という認知プロセスを踏む機会の減少――などなど。

読解力を高めることは、衰えつつある認知機能を高めることでもあるのです。

⑤個人が書くチャット＆ＳＮＳの文章に触れる機会の増加

普段あなたがよく読んでいるのは、チャットやＳＮＳの文章ではないでしょうか。

残念ながら、一般の人が書くチャットやＳＮＳの文章は、言葉としてまとまりのないものが少なくありません。略語やスラングも多く、おかしな論理や文法、真偽が不確かな情報なども散見されます。

チャットでは、雰囲気頼りの絵文字やスタンプも多用されています。

また、SNS上の文章の場合、その物事に隠れている背景や前提などが抜け落ちていることが多く、大きな文脈を読み解く機会がありません。

「なんなん、◯◯の主人公スパダリきしょ。メンブレの身には無理ゲーすぎたｗｗｗ」などというつぶやきを受動的な態度で読み続けることは、読解力アップの対極にある行為とも言えます。

⑥世代間コミュニケーションの減少

核家族化が進むなか、異なる世代とコミュニケーションを図る機会が減りました。

たとえば、お年寄りがいる家庭では、お年寄りと話す際に、相手に伝わる言葉を使おうと工夫するほか、お年寄りの話を聞くときは、その言葉を理解しようと、一所懸命に耳を傾けるでしょう。

自宅に固定電話を持つことが主流だった時代には、家族への〈電話の取り次ぎ〉もありました。あれなども、突発的に世代を超えて人と会話をする機会だったと言えます。

もちろん、世代が違えば、興味・関心が異なるので、話題も違います。

世代を超えて行なわれるコミュニケーションというのは、同世代とのやり取りには登場しない言葉や情報、価値観などに触れる絶好の機会でもあるのです。

世代間のコミュニケーションが減少し、今まで日常会話の中で自然と行なわれてきた読解力の鍛錬の機会が減ってきているのです。

⑦アウトプット不足

いくら情報（言葉や知識）をインプットしても、それをまったくアウトプットしなければ、その情報を自分のものにすることはできません。

「書く」「話す」というアウトプットによって、私たちは、その知識や学びを「使える言葉」として自分の血肉にすることができるのです。

自分の血肉になっていなければ、次回以降、同様の情報を読み解く際に苦戦を強いられます。

たとえば、SNS上では、流れてきた投稿を「なんとなく良さげだから」とシェアし、物事を読み解いた気になってしまっている人も大勢います。

しかし、残念ながら、それはアウトプットではなく、情報の受け売りにすぎません。そこからは、文脈を論理的に読み解くプロセスが抜け落ちており、思考力も使われていません（思考停止しながらシェアボタンを押している状態です）。

読解力を高めたいなら、目の前の情報を咀嚼《そしゃく》し、自分の頭でその意味や意図について考え、借り物の言葉ではなく「自分の言葉」でアウトプットすることが重要です。

読解力の3要素は「本質読解」「表層読解」「深層読解」

「読解力」について、できるだけ正しく理解してもらうために、また、読解力を確実に伸ばしてもらうために、本書では「読解力」を、「本質読解」「表層読解」「深層読解」の3つに分けて解説していきます。

①本質読解：核心を読み解く

1つ目が、物事の本質を読み解く「本質読解」です。

本質とは「物事の『芯』や『核』とも言える部分で、そのものがどういうものかを根底から説明する要素」のことです。

「本質」は、さらに以下の3つの要素に分解できます。

①普遍的（時代や場所を超えて、変わらない特性や価値があるもの）
②汎用的（さまざまな用途に広く使えること）
③シンプル（ムダなところがなく簡素なさま）

この3つが備わっている場合は、おおむね本質と捉えることができます。

本質を把握できていれば、仮にその情報の枝葉（＝具体情報）に誤りや不具合があったとしても、すぐに軌道修正をかけることができます。

本書では、本質を見抜く読解を「本質読解」と呼びます。

通常、本質読解は、このあとでお伝えする「表層読解」や「深層読解」の内容を踏まえて行なう読解です。

しかし、限られた時間の中でも、瞬時に本質を理解したい人もいるでしょう。そんな方のために、本書の第3章では、サッと本質だけをつかむ方法もお伝えします。

なお、本書では一般的な本質とは別に、「パーソナルな本質」にも触れていきます。「パーソナルな本質」は、他者に置き換え可能なものではありませんが、その人自身にとっては「普遍的（①）」で「汎用的（②）」なものです。

「パーソナルな本質」に目を向けることは、他者の言動や考え方を深く理解するためのカギとなります。

②表層読解：言葉を曲解することなく読み解く

読解力の第一歩は、その言葉を額面通り（＝言葉そのまま）に読み解く力です。

「言葉」の意味を理解し、「文」の意味を理解し、文の連なりである「文章」を理解し、文章のつながりである「文脈」を理解します。

本書では、これを「表層読解」と呼びます。

表層読解力を高めるためには、国語文法にのっとって、主語～述語や、言葉の係り受けの関係性、接続詞の役割などをていねいに見ていくことが大事です。

話し言葉であれ、書き言葉であれ、そこに表現されている言葉の意味を素直に読み解いていくこと。それが「表層読解」に求められる基本姿勢です。

もちろん、結果的には額面通りに読み解いてはいけないケース（＝たとえば、Aと書かれているが、Bという解釈になること）もありますが、その際も、額面通りに受け取るとAである——という具合に、表層読解の答えも見えていなければいけません。

言葉を額面通りに読み解く力がなければ、当然誤読や誤解が多くなり、生活や仕事に支障を来《きた》すこともあります。

表層読解については第4章で詳しくお伝えします。

③深層読解：言葉の裏や奥にある意図・真意・思惑・含みなどを読み解く

「表層読解」と併せて、磨かなくてはいけない能力があります。

言葉では直接的に表現されていない文脈や行間を読み解く力です。

本書では、これを「深層読解」と呼びます。

たとえば、「機会があれば、ご一緒しましょう」という言葉は、「今のところ、ご一緒

【図表01】 読解力の3要素

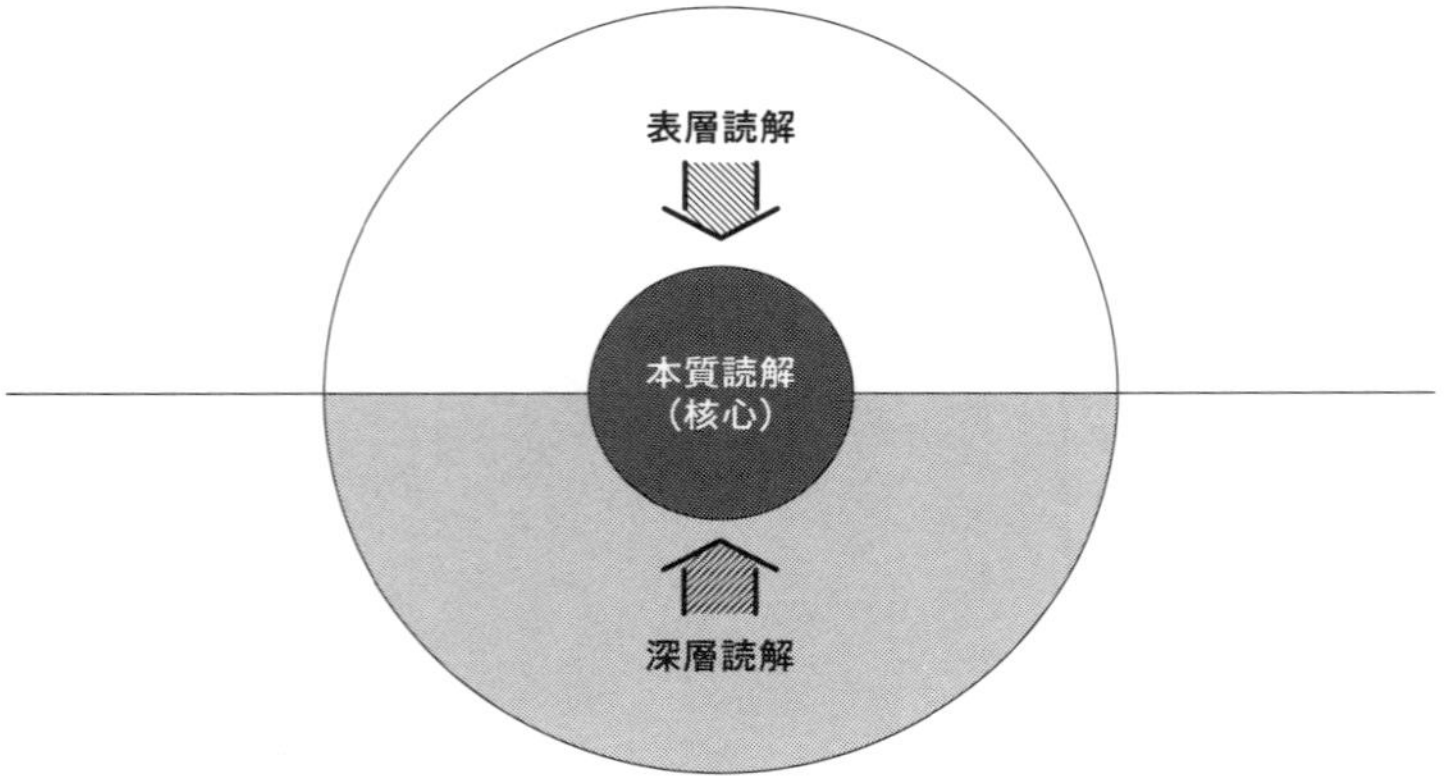

したくない」という意味かもしれません。

「いい経験になりました」という言葉は、「楽しくなかったけど、『つまらない』とわかったことが貴重だった」という意味かもしれません。

真意を見抜くには言外の情報――それまでの経緯、前提、背景、条件、相手の価値観、非言語情報など――あらゆる情報に目を向けなければいけません。

表層読解はたしかに重要なスキルですが、それだけでは読み解けない深層の世界があることを念頭に置いておきましょう。

深層読解については第5章で詳しくお伝えします。

ロジック（論理）とエモーション（感情）で読み解く

頭で理解し、心で感じる

前項でお伝えした3種類の読解のスキルを磨くうえで、押さえておくべきなのが「ロジック（論理）」と「エモーション（感情）」です。

この2つは、言葉や事象を理解する際の受信チャンネルのようなものです。

「ロジック」は頭で理解する力で、「エモーション」は心で感じる力です。

表層読解は言語の世界ですので、ロジックを主体に読み解いていきます。

エモーションに引っ張られてしまうと額面通りに読み解くことができなくなるので、

注意が必要です。

一方で、本質読解や深層読解では、ロジックだけでなくエモーションのチャンネルも活用します。

とくに、伝え手から放たれる空気感やエネルギー（例：情熱、フタをしている悲しみ）など、いわゆる行間や雰囲気、気持ちを読み解くときは、エモーションのチャンネルが重要な役割を果たします。

たとえば、広告の分野では多くの場合、言葉による説明だけでなく、写真やイラストなど、視覚的なクリエイティブ要素も組み合わされます。

なぜなら、人間の「頭（＝ロジック）」と「心（＝エモーション）」という2つの受信チャンネルにアプローチする重要性がわかっているからです。

「疲れた心の洗濯をしませんか？」というキャッチコピーに、「白いビーチと青い海、そして、生命力あふれるヤシの木」を収めた写真を添えることで、それを見る人たちに、南の島の魅力を感じさせているのです。

ロジックとエモーションに優劣や良し悪しはありません。
人は自然とどちらのチャンネルも使っているものです。
読解力において大事なことは、自身の中にある「ロジック」と「エモーション」の両チャンネルの感度を磨くことです。

この機会に、自分がロジックとエモーション、どちらのチャンネルでの受信が得意かについても考えてみましょう。

理屈がないと理解できない人はロジック派で、感覚的に情報を察知していく人はエモーション派の可能性が「大」です。

逆に言えば、ロジック派は、エモーショナルな表現を読み解けておらず、エモーション派はロジカルな表現を読み解けていないかもしれません。

自身の得意・不得意を自覚することで、優位ではないほうの受信チャンネルの感度を高めていきやすくなります。

読解力を高める5つの基本姿勢

読解力を高めるうえで身につけておきたい5つのアプローチ（基本姿勢）を紹介します。

この5つのアプローチは、本質読解、表層読解、深層読解のいずれにも活用いただくことができます。

①話の流れと論理を整理する

話の流れを把握することは、物事を読み解く際の基本中の基本です。

話がどのように始まり、どのような順番でポイントが提示され、最終的にどのような結論に至るのか――そこをていねいに見ていきます。

その流れの中で、際立つメッセージや転換点を見極めていくことが、理解を深めるカギとなります。

併せて、論理的なつながりも見ていきます。

結論に対して、どのような理由や根拠となるデータを示しているのか。どのような狙いで意見やアイデアを提示しているのか——大小さまざまな論理の妥当性や強弱を判断していきます。

たとえば、「『環境を守るために割り箸やプラスチックストローをなくそう！』と主張する団体が、広報活動で大量のチラシやパンフレットを刷っている」としたら？　この企業の活動は論理的と言えるのか？——と考えることが大事です。

論理の飛躍や矛盾を指摘する能力が伸びていくと、その伸びに連動して読解力も高まっていきます。

②質問を投げかける

質問を投げかけることは、物事を正しく読解するうえで不可欠なプロセスです。

質問することによって、疑問を解消したり、不明点を明らかにしたりすることにつながり、その対象物への理解が深まりやすくなります。

文章を読み解く際も、書き手に対して、疑問や質問をぶつけながら読んでいく方法が有効です（詳しくは66ページ）。

質問を思い浮かべた時点で、その人の頭に「情報受信アンテナ」が立ちます。

その結果、必要な答えを得やすくなるのです。

たとえば、旅先で街散歩をする際、「この地域の食文化はどのようなものなんだろう？」という問いを持ちながら歩く人と、何も考えずに歩いている人とでは、得られる情報に雲泥《うんでい》の差が生まれます。

もちろん、その街の食文化を読み解けるのは前者です。

質問（問い）は、読解の質を高める強力なツールなのです。

③実際に体験する

あなたはスカイダイビングについて語ることはできますか？

おそらく「飛行中の航空機からパラシュートを背負って飛び出し、空中で自由落下を楽しむスポーツです」程度の説明はできるでしょう。

しかし、それは「知識としての理解」にすぎません。

スカイダイビングについて深く語ることにかけては、実際にそれを体験した人にはかないません。

なぜなら、体験者は、航空機から飛び出す前の緊張感、飛び出したときの感覚、落下中の気持ちなどの情報を得られているからです。

体験には読解が内包されているのです。

物事には、体験でしか読み解けない領域があります。

理屈だけでなく、五感や筋肉、神経を使い、体感覚としての情報を得ることによって、その対象の核心、つまりは「本質の理解」へとたどり着きやすくなります。

④意見を交わす

どういう視点から見るかによって、物事の見え方や意味合いは大きく変化します。

たとえば、「教育の本質」とは何でしょう？

おそらく人それぞれ考えは異なるでしょう。

ひとつのテーマに対し、大人数で意見を交わすことによって、自分ひとりでは思いつきさえしなかった、さまざまな考えや視点を得ることができます。

左記は、「教育の本質とは何か？」について、私がセミナーで意見を募った際に出てきたものです。


知識の伝達／スキル・能力の開発／価値観の形成／批判的思考の促進／自己実現の土台づくり／知的好奇心の刺激／問題解決力の獲得／自律心の養成／多様性の受容／論理的思考の形成／人間の進化を促すエンジン／文明の基盤／物事を見る視野の拡大／（良くも悪くも）洗脳

「教育の本質」ひとつ取っても、これだけの多種多様な視点があるのです。

こうしたさまざまな他者の意見や考えを知ることによって、その対象への理解が深まり、（いい意味で）「本質」がアップデートされやすくなります。

また、どんなテーマであれ、他者と意見を交わすことによって、自分には見えていなかった一面に触れることができます。

新たな一面に触れた瞬間に、その対象物についての解像度は高まります。

つまり、より本質へと近づいていきやすくなるのです。

「◯◯について、私は△△と思うけど、青木さんはどう思う?」のような、軽めの会話からスタートさせてみましょう。

⑤アップデートし続ける

読解力において危険な考え方のひとつが、安易な「決めつけ」です。

「◯◯のことは、もうわかった」と決めつけた瞬間に、そこで読み解く行為をやめてしまいます。

読解力が低い人ほど、簡単に決めつけて結果を出そうとする傾向が強めです。

もちろん、「読み解いた」と確信を得たい気持ちはわかります。

しかし、そういうときでも、思考を硬直させず、20%くらいは、「これが最適解ではないかもしれない」と余白を残しておくことが肝心です。

事実、多くの情報は有機的かつ流動的です。

Aと思っていた事柄が、時間の経過とともに、あるいは何かしらの条件変更によって、A′になることや、BやCに変化することは珍しくありません。

「理解したつもりの壁」を乗り越えて、いつでもアップデートの余白を残せる人の読解力には「しなやかさ」が備わっています。

しなやかな読解ができる人は、ときに大胆な訂正や修正にもスマートに応じることができます。

場面に応じて情報、考え方、思考をアップデートさせていく能力は、スピード感のある超情報化社会を軽やかに生きる武器になります。

「問い」は読解力を高める最大のツール

読解とは主体的に「読んで解く」こと

「読解」とは、文字通り「読んで解く」ことを意味します。

あなたが読解しようとする話や事象は、それ自体が、あなたに何かしらの働きかけをしてくれることはありません。

それらを理解するためには、ただ受け身で情報を受け取るだけでなく、主体的に考え、「それが何を意味するのか」を読み解いていくプロセスが不可欠です。

言い方を変えるなら、読解とは「考えること」そのものです。

たとえば、文章に触れたとき、「これは何を意味するのか?」「書き手の意図はどこにあるのか？」「この背景には何が隠されているのか？」「この情報をどう活用すればいいか？」といった問いを持ち、自分の頭で考えながら、それらの答えを導き出していく。これこそが読解に求められている姿勢です。

積極的に問いを持ち、思考し、仮説と検証をくり返し、あるいは既知の情報と照らし合わせながら、その対象と向き合う姿勢――それが読解力を育むポイントです。

そもそも読解力の高い人は、「何を得たいのか？」「何のためにその情報を使うのか？」という「目的」を明確にしてから読解しています。

そうすることで、目的に見合った情報を手にすることができるからです。

本書を読むときも例外ではありません。あなたが主体性を発揮することで、内容をより価値あるものとして受け取ることができます。

「誰が」「何を」「どのように」など、5W3Hで足りない情報を得る

読解力をスキルの面で見たとき、その最大のツールとなるのが「問い」です。

読解力が低い人は「問い」を使えておらず、読解力が高い人は「問い」を積極的に使

い、主体的・能動的に言葉や事象を読み解いていきます。

日本はハイコンテクスト（＝言語以外の情報の重要度が高い）文化であり、しばしば言葉の省略が行なわれます。

①昨日、私はA社に新型コピー機を納品しました。
②昨日、A社に新型コピー機を納品しました。（主語を省略）
③新型コピー機を納品しました。（主語、副詞句、間接目的語を省略）
④納品しました。（主語、副詞句、間接目的語、直接目的語を省略）

①がわかりやすい伝え方であることは、言うまでもありません。
しかし、相手と前提や文脈を共有できていれば、②〜④で伝わることもあります。
注意すべきは、②〜④の伝え方をして相手が理解できないとき、つまり「言葉足らず」な伝え方をしてしまうときです。

「言葉足らず」な話や文章に出会ったときは、それらを読み解く受け手が、省略された内容の正体を突き止めていく必要があります。

そのときに使えるのが「問い（質問）」の基本である「5W3H」です。

5W3Hとは、ある事象や話題について正しく読解したり、詳細な情報を把握したりするために用いられるフレームワークです。

【5W3H】

・When：いつ・いつまでに（期間・期限・時期・日程・時間）
・Where：どこで・どこへ・どこから（場所・行き先・出発点）
・Who：誰が・誰に（主体者・対象者・担当・分担）
・What：何が・何を（対象物・用件・目的・目標）
・Why：なぜ・どうして（理由・根拠・動機・原因）
・How：どのように（方法・手段・手順・状態・様子）
・How many：どのくらい（数量・程度）
・How much：いくら（価格・費用）

５Ｗ３Ｈの情報に意識を向けることによって、話の内容を正しく読み解きやすくなります。

10月5日（金）【いつ】、プロジェクトAの会議を行ないます【何を】。13時【いつ】に5階会議室A【どこで】にお集まりください【どのように行動する】。

情報に物足りなさを感じたときは、５Ｗ３Ｈのうち、どの情報が抜け落ちているかを見たうえで、必要に応じて相手に確認を取らなければいけません。

【Ｗｈｏ：誰が・誰に（主体者・対象者・担当・分担）】
・会議の参加メンバーは誰だろう？

【Ｗｈａｔ：何が・何を（対象物・用件・目的・目標）】
・今回の会議の目的は何だろう？

【How：どのように（方法・手段・手順・行動・状態・様子）】

・もし会議で役割分担を決める場合、どのような方法で決めるのだろう？

誰もがていねいに5W3Hを盛り込んで伝えてくれるとは限りません。読解力がある人は、積極的に「質問」しながら、不明な情報をつぶしていくのです。

最強のスコップ質問は「なぜ？」

5W3Hのうち、とりわけ意識を強めておきたいのが「Why」です。「Why」は「なぜ？」「どうして？」のような形で理由や根拠、動機、原因などを突き止める質問です。

・お客様に提案を却下された→なぜ？　却下された理由を知りたい
・競合他社の新商品が売れている→なぜ？　売れている理由を知りたい

・同僚が独立起業するという→なぜ？　独立起業の動機を知りたい
・チーム内で発注ミスが頻発している→なぜ？　頻発するミスの原因を知りたい

理由や動機、原因がわからない状態というのは、実にモヤモヤするものです。理由や原因がわからなければ、適切に評価、対応できないこともあります。

「Ｗｈｙ」の情報を把握しておくことは、公私にわたり、極めて重要なのです。人間関係においても、「なぜ、この人はこんなことを言ったのか？」「なぜ、こんな行動を取るのか？」と、その理由に注目することで、誤解や食い違いを防ぎやすくなります。

自分自身に対しても、「Ｗｈｙ」の問いは有効です。

「なぜ高所に行くとワクワクするのか？」「なぜ今日は朝からイライラしているのか？」「なぜあの人に嫉妬するのか？」――それらの答えを把握することによって、自己理解を深めていくことができます。

「それから？」「だとすると？」「ということは？」で先をのぞきに行く

話や文章の多くは、ブツ切りに存在しているのではなく、全体として大きな流れを持っています。

読解力の高い人ほど、この〈大きな流れの把握〉に努めています。

彼ら彼女らが行なっている手法のひとつが、常に「この先どんな展開になるのか？」を予測する（仮説を立てる）、というもの。

たとえば、映画のストーリーで、弱小サッカーチームに新たなコーチが就任してきたなら、「ということは、この先は、このコーチの指導の下、チームが強くなっていくのか？」と予測を立てる。

予測通りに物語が進めば、より正確に（そして深く）内容を味わうことができるでしょう。

もし予測が外れたとしても、読解力という点でのマイナスはありません。

なぜなら、「予想と違った！」という感覚が強く印象に残り、「では、予測とどう違ったのか？」と、その続きへの集中力がいっそう高まるからです。

なお、読解力の高い人は、人の話を聞くときも、この「先を予測する」意識が強めです。

予測が「当たる・外れる」を使って、読解の質を高めているのです。

相手の話が堂々巡りであったり、もたついたりしている場合は、「それから?」「だとすると?」「ということは?」「結局、どうなった?」などと、さり気なく続きを促す言葉をかける方法も有効です。

その言葉を受けて、相手が結論や核心へと話を移していきやすくなるからです。

〈先を促す言葉〉を発することは、自分自身にも少なからず影響を与えます。

自身の言葉によって、脳内に受信アンテナが立ち、より主体的・能動的に理解を進めていくことができるのです。

予測する習慣は、読解力という点においてメリットしかありません。

第2章

読解力の前提となる語彙力を鍛える

語彙力のある人は読解力も高い

読解力を支える基礎

読解力を支える基礎となるのが「語彙力」です。

語彙力とは、多くの単語や表現を知っていて、かつ、状況に応じて適切に使いこなせる能力のことを言います。

文章や会話の意味を正確に把握するためには、言葉が必要です。

とくに、入り組んだ文章や専門的な内容を読解する際には、語彙力の高低が読解力に直結します。

また、語彙力はコミュニケーションの質を向上させる重要な要素でもあります。

語彙力が豊かな人ほど、自分の思考や感情をより正確に、かつ豊かに表現することができるからです。

逆に、語彙力が不足していると、自分の意図を正しく伝えられないだけでなく、他人の言葉の意味やニュアンスを読み取ることも難しくなります。

このように、語彙力は読解力のみならず、社会生活や勉強、仕事にも大きな影響を及ぼしているのです。

人は言葉を使って読解を進めていきます。

たとえば、1行前のこの（→）文章をあなたが理解できるのは、「人」「言葉」「使う」「読解」「進める」などの言葉を知っているからです。

これらの言葉を知らない人は、理解することができません。

つまり、読解力は、その人が「どれくらい言葉を知っているか」という点と深く関わっているわけです。

もちろん、言葉を知らなくても、その前後で述べられる〈知っている言葉〉をヒントに、「こういう意味かな？」と推測することはできるでしょう（この推測力もまた「読解力」の一部です)。

しかし、理想は、その言葉そのものを知っている状態です。

語彙力が豊かになると、推測箇所が減り、読解のスピードと質が伸びていきます。

また、読解に苦しむことがなくなるため、精神的なストレスも減っていきます。

「理解の箱」を増やす

認知心理学に「スキーマ」という概念があります。

スキーマとは、「理解するプロセス」についての重要な概念で、「新しい情報に接した際、すでに持っている情報を活かして物事を理解する仕組み」を言います。

筆者はこの「スキーマ」を「理解の箱」と呼んでいます。

私たちが読解をする際、この「理解の箱」を用いて情報を処理します。

箱の数が多く、また、それぞれの箱が活性化しているほど、スピーディかつ正確に情報を理解することができます。

以下の説明①〜③は、ある物についての説明です。何について述べたものでしょうか？　考えてみてください。

①家庭でよく使われる電化製品
②食品を温める
③高周波の電磁波を利用して、食品内の水分子を振動させて加熱する

答えは電子レンジです。
①の時点では、さまざまな家電が候補に挙がります。
②の時点では、洗濯機や冷蔵庫、掃除機などの可能性は消えますが、オーブンやトースターなどの可能性が残されます。
③の「高周波の電磁波を利用して水分子を振動させる」という情報によって、電子レンジであることが確定します。
しかし、なぜ私たちは③の情報を聞いて電子レンジだと理解できるのでしょうか？

それは、電子レンジというものの「理解の箱」に「電磁波を利用／水分子を振動させて加熱する」などの情報が含まれているからです。

このように、すでに知っている情報（言葉）を使いながら、人は、物事の理解を進めていくのです。

「ほかの言葉」なしに「その言葉」は存在しない？

ある言葉の意味を伝えるとき、必要となるのが「それ以外の言葉」です。

たとえば、「風呂」の意味を伝える場合、「からだの洗浄や温浴・入浴をするための設備」のような説明が必要となります。

このとき、もし相手が、「からだ」「洗浄」「温浴」「設備」などの言葉を知らなかったら、お風呂について理解してもらうことは難しいでしょう。

そう、言葉はお互いに支え合っているのです。

「ほかの言葉」がなければ、「その言葉」を説明することはできません。

【図表02】

語彙が増えるごとに「脳内言語ネットワーク」も広がっていく

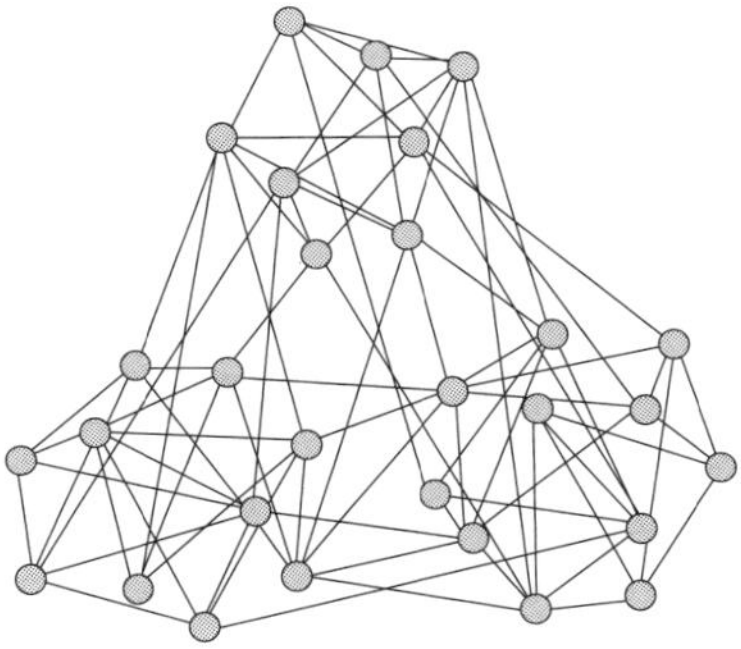

すべての言葉は直接的、あるいは間接的に関わり合っているのです。

ひとつの言葉の意味を知っているということは、同時に、いくつもの言葉の意味を理解していることの証明でもあるのです。

この事実に気づくと、「語彙力を伸ばすことの大切さ」が見えてきます。

知っている言葉が増えるほど、言葉の世界がどんどん広がっていきます。

言葉と言葉が結びつく「脳内言語ネットワーク」が拡大していくイメージです。

言うまでもなく、知っている言葉の量を増やすことは、「理解の箱」を増やしていくことにほかなりません。

最終的には、教養や雑学などを含め幅広

く「理解の箱」を増やしていくことが大切です。
ただし、より身近な場面で即効性のある読解力を発揮したいなら、ひとまず、自身の仕事など、自分がよく読解を求められるテーマに集中して「理解の箱」を増やしていくことをおすすめします。

言葉の意味に強くなる

「子どもにはいつからスマホでゲームをさせるべきですか?」

あなたがこのような質問を受けたとします。
この質問にどう答えますか?

3歳、5歳、7歳……いろいろな答えが考えられそうです。
ですが、ここで大切なのは、あなたが質問の意味を的確につかんでいるか、です。
先ほどの質問で気になるのは「べき」という言葉です。

「べき」には、「～して当然だ」という意味があります。

この意味をつかんでいるなら、「そもそも、スマホゲームは子どもが『当然しなければいけないもの』なのか？」という疑問が生まれるはずです。

あなたの中にその疑問が浮かんでいたなら、質問の意味を的確に読み解くことができている、ということです。

「『べき』ということで言うなら……別に子どもにスマホゲームをさせる必要はないと思います」

このように答えることもできるでしょう。

一方で、言葉の意味を無視して、あるいは、言葉の意味に気づかず、「なんとなく」で読解している人は、ズレた回答をしてしまう危険性があります。

また、言葉の意味に強くなると、人が誤った意味で言葉を使った際、その誤りに気づくこともできます。

詭弁《きべん》や誘導尋問、悪意あるミスリード（誤解を招くような情報や表現を意図的に提供し、誤った方向に導くこと）などにも気づきやすくなります。

つまり、誤読リスクを下げることができるのです。

わからない言葉はその場で調べよう

読解力を高めたいなら、知らない言葉に遭遇した際、手元のスマホを使い、その場ですぐに意味を調べる習慣をつけましょう。

おすすめは、「とは検索」です。

わからない言葉の後ろに「とは」とつけて検索します。

「ベーシックインカムとは」「溜飲《りゅういん》が下がるとは」という具合です。

わずか数秒で答えを得られるでしょう。

「知らない言葉」を「知っている言葉」に変えることで、「理解の箱」が少しずつ増えていきます。

まったく知らない言葉だけでなく、意味が合っているかどうかはっきりしない言葉についても、その場ですぐに調べることが大切です。

スマホで言葉の意味を検索する習慣が身につくだけで、その人の「理解の箱」は飛躍的に増えていきます。

調べた言葉は、即アウトプットで「使用語彙」へ

インプットした情報を記憶にしっかり残すためには、意味を調べたあとに、できるだけ早くその言葉を使うようにしましょう。

「ベーシックインカムって◯◯という制度らしいよ」「木下さんが部長に強く言ってくれたおかげで、溜飲が下がりました」という具合です。

調べたその日に一度、できれば、そこから1週間以内にさらに2、3度使いましょう。アウトプットしなければ、遅かれ早かれ、その言葉は記憶から失われてしまいます。

語彙力には2種類あります。

ひとつは「理解語彙」で、もうひとつは「使用語彙」です。

「理解語彙」というのは、意味を知っている言葉のことです。

理解語彙があれば、誰かがその言葉を発したときに、意味を理解することができます。対して「使用語彙」は、普段話したり書いたりするときに自然に使える言葉のことです。

「理解語彙＝使用語彙」ではありません。

理解語彙が豊かでも、使用語彙は貧しい人もいます。

つまり、知っていても、自分では使うことはできない、という状態です。

「読解力を伸ばしたいなら、理解語彙だけ伸ばせばいいのでは？」と思うかもしれませんが、使用語彙が豊かなほうが読解力は高まりやすくなります。

なぜなら、使用語彙のほうが脳への定着率が高く、その言葉の意味やニュアンスをより高い解像度で把握できているからです。

「理解の箱」がより活性化した状態とも言えます。

「理解語彙」を「使用語彙」に変える方法は、話す、書くなど、その言葉を使ってアウトプットする以外にありません。

使わない言葉は使用語彙になりにくいだけでなく、忘却への道をたどる〈消滅語彙候補〉でもあります。

「知る→使う」で使用語彙を強化していきましょう。

読書に勝る読解力トレーニングはなし

「言葉の海」を泳ぎ切る

語彙力や読解力を高めるうえで、読書に勝るアプローチはありません。

なぜ、本を読むことが読解力アップにつながるかと言うと、1冊の本は大量の言葉で埋め尽くされているからです。

それらの「言葉」は、前後の言葉と関わり合いながらそこに存在しています。

1冊の本を読むということは「言葉の海」を泳ぎ切るようなものです。

いい本ほど、優秀な作家、ライター、編集者、校閲者など、言葉のプロたちによって作られています。

彼ら彼女らは、そのつど最適な言葉を選び、論理構成にも工夫を凝らします。日本語文法は正確で、推敲・校正にも余念がありません。

読者は、こうして編まれた「言葉の海」を泳ぎながら、言葉や言葉の意味を吸収していくのです。

言葉のニュアンスの違いを嗅ぎ分けていく能力も高まっていきます。

読書を通じての語彙力強化は、読解力を高めるうえで最も効果的なアプローチです。

言葉と知識の世界を広げる

1冊の本を読みながら、私たちは、さまざまな言葉、表現に触れます。

本の中には歴史、文化、社会、科学、生活など、さまざまな分野の情報が含まれています。

一つひとつの言葉や情報への理解を深めることで、読解力に必要な「理解の箱」が芋づる式に増えていくのです。

また、本に書かれている言葉たちが、その背景にある状況や世界について教えてくれることもあります。

たとえば「ローマは一日にして成らず」という言葉には、〈かつて繁栄したローマ帝国は、500年以上の年月をかけて地中海全域にまたがる広大な領土を築き上げた〉という情報が付随している、という具合です。

本は、それ自体が情報と情報が交錯する場であり、ときにその組み合わせの妙によって化学反応や相乗効果が起き、言葉と知識の世界がぐんぐん広がっていくのです。

人生の経験値を増やす

読書中、私たちは、著者の考えや意見、主張に触れながら、そこに書かれているテーマへの理解と見識を深めていくことができます。

これは、その人自身の人生経験を増やし、知見を広げていくことにほかなりません。

読書経験で得た情報は、「理解の箱」として脳内に格納されていきます。

小説であれば、主人公などの登場人物の人生を追体験することにより、自分とは異なる思考や価値観を知る（感じる）ことができます。

そこから生まれた「理解の箱」が、次に人や物事を読み解くときに役立つのです。

「日本のことを知りたいなら海外に行くといい」というアドバイスを耳にしたことがある人もいるでしょう。

日本にいては、日本の良さや魅力に気づきにくいものですが、海外の生活や文化に触れることで、（その相対によって）日本の魅力が見えてくるというわけです。

読書とは、言わば異世界旅行のようなものです。

日常の枠を超えた世界に触れることによって、日常や自己への理解が深まっていくのです。

読んだ本の数だけ足場が高くなる

読書することとは、自分が立つ「足場」を高くしていくことです。

足場が低いときは、狭いものの見方しかできず、目の前の出来事に翻弄されやすいもの。ときに袋小路に迷い込んだような気分になることもあります。

しかし、足場が高くなるにつれ、少しずつ視野が広がり、余裕を持って周りを見渡せるようになっていきます。

すると、高い壁の脇に抜け道があることに気づいたり、あらかじめ危険を察知できたり、山あり谷ありの道の向こうに楽園が広がっている様子が見えたりします。

物事を読み解く力というのは、まさしく「足場」そのものです。

足場が高くなればなるほど、全体が見えるため、物事・事象を正しく把握できるようになります。

一方、足場が低い状態だと、物事・事象の一部しか見えていないため、正しくその物事を理解することができません。

読書という異世界旅行によって、私たちは誰でも「足場」を高め、視野を広げていくことができるのです。

ジャンル別読書で戦略的に読解力を向上させる

読解力を高めるうえで読書が有効であることは、おわかりいただけたと思います。

しかし、いきなり手当たり次第に本を読むことはおすすめしません。

本にはさまざまなジャンルがあり、読解力向上につながる要素も異なります。

本のジャンル別に「読解力向上要素」の違いを理解しておくと、戦略的に本を選ぶことができるようになります。

ここでは、読解力の向上という観点から、ジャンル別読書の効果・効能をお伝えします。

①小説：人物の心情や考え方、心の機微を学ぶ

小説では非日常の世界に触れることができます。

普段、自分の生活には登場しない言葉もたくさん登場します。

それらの言葉に触れることで、「理解の箱」がアップデートされていきます。

また、小説というのは、そのほとんどが、大きな文脈を持つ物語です。

序盤の20ページほどの情報を頭に入れておきつつ、次の20ページを読み解く――という具合に読み進めていくものです。

物語を読み解く力は、読解力の本丸とも言えるスキルなのです。

ステップ1：情報を入力する
ステップ2：入力した瞬間に「理解の箱」ができる
ステップ3：「理解の箱」を使って続きの文章を読解する

このステップ1～3が、読解の基本プロセスです。

つまり、1冊の小説を読むことは、リアルタイムで読解力を磨いているようなものなのです。

ちなみに、ステップ2は、この小説を読み切るまでの間だけの「短期記憶（数秒〜数時間の、比較的短い時間の記憶）」です。

長期的に使える「理解の箱」にするためには、書く、話す、教えるなどのアウトプットを組み合わせる必要があります。

また、小説には、さまざまな立場や性格・人格の人物が登場します。

楽観的な人・悲観的な人、仕事ができる人・できない人、人付き合いが得意な人・苦手な人、常識的な人・非常識な人、悪者・善人――など、多種多様なキャラクターに触れ、彼ら彼女らの思考や感情を知ることは、人についての「理解の箱」を獲得していくことにほかなりません。

登場人物に感情移入したり共感したりすることも然《しか》りです。

それらの「理解の箱」は、実際の人間関係で、相手を読み解く際の助けとなります。

なお、小説を読むと、想像力も鍛えられていきます。

小説を読む際、読者は想像力を使いながら、そこに書かれている内容（場面や光景、様子など）を頭の中で映像化していきます。

また、「続きは◯◯だろうか？　それとも△△だろうか？」「おそらく、このあと□□という展開になるに違いない」のような「先読み型」の想像力も養われます。

もちろん、複雑な設定や状況、込み入った人間関係、人物の細かい感情なども、想像力を駆使して読み解いていくことになります。

1冊の小説を読むことで、否が応でも、想像力の出力が最大化されるのです。

小説を読むことで鍛えられた想像力は、文字や言葉の読解はもちろん、状況や雰囲気の把握、他者とのコミュニケーション時にも大いに発揮されます。

②エッセイ：独自の視点と表現力を学ぶ

エッセイには、著者独自の考え・視点が盛り込まれています。

多種多様なエッセイを読むことで、自分とは異なる意見や考え方に触れることができます。

また、書き手によって使う言葉や表現は千差万別。普段自分が使わない表現に触れることで、新たな言葉を獲得していくこともできます。

1本のエッセイ内の情報も、ご多分に洩れず「理解の箱」です。

A、B、C、D……さまざまな「理解の箱」を増やしていくことによって、読解の間口や奥行きが広がっていきます。

エッセイの場合、感情表現が登場する割合も多めです。

バラエティ豊かな感情に触れることで、一つひとつの感情への理解が進むと同時に、自身の感情表現のバリエーションを増やしていくこともできます。

さらに、読み手の日常とは異なる地域、社会、文化、家庭環境についての記述が多く出てくる点も、エッセイの醍醐味と言えるでしょう。

エッセイの書き手によって「旅する世界」は色とりどり。書き手による道案内を楽しみながら、多彩な情報・言葉を自分のものにしていきましょう。

余談ですが、ここまでの15行の中に、「多種多様」「千差万別」「さまざま」「バラエティ豊か」「バリエーション」「色とりどり」「多彩」といった、似た意味の言葉（類語）をさり気なく盛り込んでいます。

こうした類語を使いこなしていくことも、語彙力の豊富さに繋がっていきます。

本書を読むこともまた、語彙力アップの実践と心得ておきましょう。

③批評・評論：論理的思考と構成力を学ぶ

批評・評論は、何かしらのテーマについて掘り下げて論じていくものです。

したがって、その批評や評論を読むことによって、そのテーマに関する情報（＝言葉）を効率的に獲得することができます。

また、批評や評論では、通常、情報を効果的に用いながら、読者が納得しやすい形での論理展開を試みています。

パターン1：問題提起→分析→評価→結論
パターン2：導入→比較→類似点と相違点の評価→結論
パターン3：事実の提示→一般論→反論→結論
パターン4：背景説明→問題点の特定→解決策の提案→結論

パターン5：定義説明→事例提示→分析→結論
パターン6：歴史的背景→現状分析→未来予測→結論
パターン7：仮説の提示→調査・データ分析→結果の評価→結論

こうした論理展開のパターンもまた、「理解の箱」です（ご自身が文章を書くときにお使いください）。

これらの箱を持つことによって、他者の話や文章を読み解くときの「先読み力（予測する力）」が強化されていくのです。

さらに、多くの批評や評論では、社会的、文化的、芸術的、学術的、技術的な背景や知識が盛り込まれています。

そうした情報を広範囲にわたって獲得することによって（それらが「理解の箱」となり）、次の批評・評論を読み解くときの手がかりとなります。

④ビジネス書・実用書：説明力と明快さを学ぶ

ビジネス書や実用書は、読者の仕事や生活、人間関係、趣味などに役立つ情報を提供しています。

そういう意味で、ビジネス書や実用書は、読む人がアウトプットする（話す、書く、行動する）ことを前提に購入するジャンルの本とも言えます。

アウトプットすることで、情報（＝言葉）が「短期記憶」から「長期記憶」へと移り、「理解の箱」として脳内に定着しやすくなります。

「理解の箱」が増えれば、当然、次に同じテーマの情報に接したときの読解精度が高まるほか、読解スピードも上がっていきます。

なお、ビジネス書や実用書の多くが、平易で明快な文章でつづられています。

なぜなら、読書が好きでない人でも、（何かしらの実利を得るために）手に取る可能性が高いジャンルだからです。

「本を読むのが苦痛」という方も、「管理職のための本」「料理レシピ本」「お片付け本」「話し方の本」など、自分の興味に合わせて本を選ぶことで、楽しく1冊を読み切ることができるはずです。

読書が苦手な人へのアドバイス

選ぶ本は既知情報と未知情報の割合「7：3」が理想

読書習慣がない人が読書をするときは、本の難易度に注意しましょう。「さあ、読書するぞ！」と気負いすぎて、専門書など、レベルの高い本から読み始めるのはNGです。

言葉や内容が難しすぎると、「難しい」「理解できない」と途中で本を読むのをやめてしまう恐れがあります。

中には、本を読み切れなかった自分にがっかりしてしまい、ますます本嫌いになってしまう人もいます。

とくに翻訳書の場合、訳がヘタだと、読み解くのに四苦八苦することがあります。

できるだけストレスなく読める、難易度の低い本から読むようにしましょう。

専門書でも、最近ではマンガ版をはじめ、わかりやすさを重視した入門書が増えてきています。

「難しい本に挑まなくては読書ではない」と思っている人がいたら、その思い込みを捨てましょう。

目安としては「既知情報7：未知情報3」程度の配分で書かれた本がおすすめです。ときどき知らない言葉も出てくるけれど、その言葉の説明や解説が書かれているため理解に苦しむことはない——くらいの難易度が理想です。

ステップ・バイ・ステップ選書

仮にあなたが「投資」についての本を読もう、と思っているなら、以下のステップで本を手に取るといいでしょう。

ステップ1：投資の入門書・基本編（初級編）を読む
ステップ2：投資の入門書・中級編（応用編）を読む
ステップ3：投資の専門書・分析書を読む

このステップであれば、段階的に「理解の箱」が増えていき、かつ、既存の「理解の箱」も充実・活性化していくため、いつでも「既知情報7：未知情報3」をキープすることができます。

野球で時速100キロのボールをミートできない人が、150キロの剛速球をミートできるはずがありません。

同じように、「株式会社」がどういうものかを知らない状態で、「株式投資」について理解することは不可能です。

とくに、ステップ1で基本知識を蓄えておく（「理解の箱」をつくっておく）ことは、難易度の高い本を読むときの助けとなります。

もし、読み始めた本が難しくてついていけないときは、「今の自分には時期尚早」と割り切って、いったん読む本のレベルを落としましょう。

恥ずかしいことではありません。「現状の自分のレベルがわかったから良かった」くらいに思っておきましょう。

音読することの絶大な効果

文章の内容が頭に入ってこないとき、思わずその文章を音読し始めた経験はありませんか？

なぜ音読してしまうかと言うと、音読することで、文面への集中力が高まり、頭に入りやすくなるからです。

言葉にしない「黙読」の場合、「読む」ではなく「読み流してしまっている」ことが少なくありません。すると、内容がまったく頭に入ってこなくなります。

一方、音読には以下のような特徴があります。

①視覚から入力した情報を口から出力するまでの間に、その情報が脳を通過する

②音読する際、情報を自分の声として自分の耳が聞いている（脳への再入力）

③音読する際、骨伝導《こつでんどう》（骨の振動による伝達）によって脳に情報が伝達される（脳への再入力）

このように、音読することで、二重、三重のインプット効果が得られるのです。

「なるほど！　だから、○○は△△のグループなのか」のように、論理への理解度や納得感が高まりやすくなるのも、音読のメリットと言えるでしょう。

また、音読をすると「この言葉、知らないなあ」「根拠が弱いのでは？」「論理が崩れているのでは？」「つじつまが合わないのでは？」のように、疑問や質問も生まれやすくなります。

この疑問や質問こそが、読解を手助けする強力なサポーターです。

なぜなら、その続きの文章で疑問・質問の答えが示された際に、情報の吸収力が格段に高まるからです。

文章を読むのが苦手な人はもちろん、得意な人であっても、とっつきにくい文章や難解な文章に出会ったときは、積極的に音読するようにしましょう。

第3章

本質をつかむための論理力を磨く

【本質読解】

「本質読解」とは何か

本質とは「話の根っこ」である

本書で紹介する「本質読解」「表層読解」「深層読解」という3つの読解の中でも、とりわけ重要なのが「本質読解」です。

「本質」とは、「物事の『核』とも言える大事な部分で、そのものがどういうものかを根底から説明する要素のこと」です。

本質をつかめていなければ、表層的な情報に惑わされてしまう恐れがあります。

同様に、本質をつかめていなければ、せっかく深層を読み解いたとしても、それが〈真に何を意味するのか〉は結局わからずじまい、ということもあります。

本質は、良くも悪くも、その対象全体に影響を与えます。

人間のからだで言うなら、全身を流れる血液のようなものなのです。

きれいな血液の人は健康ですが、血液が汚れている人は心身に不調を来《きた》します。

つまり、からだ（対象）は、血液（本質）に支配されているのです。

本質を読み解く力を身につけることで、その対象に対する読解の解像度が高まるほか、その情報を有効活用できるようになります。


第1章でも触れましたが、本質を分解したものが以下の3つの要素です。

①普遍的（時代や場所を超えて、変わらない特性や価値があるもの）
②汎用的（さまざまな用途に広く使えること）
③シンプル（ムダなところがなく簡素なさま）

一例として、「人間性」の本質について考えてみましょう。

人間性の定義にもよりますが、「学習能力があること」は、ひとつの本質と言えそうです。

人間の学習能力は、時代や場所を超えて、あらゆる状況において当てはまり、そしてシンプルです。

先ほどの①〜③を満たしています。

もっとも、本質は「ひとつの対象に1個しかないもの」というわけでもありません。

人間に備わっている「意識」や「理性」「感情」「創造性」「想像力」「社会性」「適応力」「自己防衛本能」――なども人間性の本質と言えるものでしょう。

大事なのは、本質をつかむためには、それが普遍的で汎用性があってシンプルか、その3点を見ていくということです。

もう一例、少し違う角度から本質について考えてみます。

ボクサーがパンチをするときに「シュッ！　シュッ！」と口で言う姿を見たことはありませんか？

あれは何のためにやっているのでしょうか？

相手を威嚇するため?

効果音をつけてテンションを上げている?

以下は、あるボクシングジムのトレーナーが語った理由をまとめたものです。

・息を吐くことでパンチに力が入る
・息を吐くことでパンチにスピードが出る
・「ウッ!」や「カッ!」だと力みが強くてスタミナを消耗する
・「ウッ!」や「カッ!」に比べて、口を大きく開けない「シュッ!」のほうが、パンチを受けた際のダメージが少なくなる

これもまごうかたなき本質です。

もし、この本質を知っているボクサーと知らないボクサーがいたとしたら、その先の成長に天と地ほどの差が生まれるでしょう。

先ほどの①～③も満たしています。

このように、ひと口に本質と言っても、その内容は多種多様ですが、いずれも、「普遍的で汎用性があってシンプル」という条件は満たしています。

こうした物事の本質をつかむためには、通常、物事、文章、話の表面的な理解をていねいに進めていくこと（表層理解）や、その奥や裏側に隠れている情報を見ていくこと（深層理解）が欠かせません。

しかし、忙しい現代人の私たちにとっては、細かいプロセスを省いて、サッと本質をつかむことこそ、何より重要です。

そういう人に向けて、本章では、手っ取り早く本質に近づいてもらうための考え方やノウハウ、つまり、本質を早く理解するための特急チケットをご紹介します。

本章のノウハウを実践して本質を把握できれば文句なしですが、把握できなかったとしてもご安心ください。

その後、表層読解（第4章）から深層読解（第5章）へと進むことで、着実に、しっかりと本質を把握することが可能となります。

本質を浮かび上がらせる2つの「問い」

先ほど、本質とは「物事の『核』とも言える大事な部分で、そのものがどういうものかを根底から説明する要素のこと」だとお伝えしました。

しかし、この本質にいきなり迫るには、どうしたらいいのでしょうか？

本書では、本質にたどり着くために有効な2つの「問い」を提案します。

①なぜ
②そもそも

「なぜ」と「そもそも」、この2つの問いによって導き出される答えは、限りなく「本質」に近いものです。

どちらの「問い」も、その事柄の本質に近づくためのものですが、そのニュアンスは少し異なります。

・**なぜ**：理由や原因、動機などを突き止めるときに使う
・**そもそも**：背景や前提、定義、目的、事実などを明確にするときに使う

あなたが会話をする相手の本質を見抜きたいときは、「なぜ」や「そもそも」という問いを、ときに自分に、ときに相手にぶつけていきましょう。


「なぜ、今ここにきて、彼はこの発言をしたのか？」

「なぜ、A案ではなく、B案を支持するのか？」

「なぜ、この企画は却下されたのか？」

「そもそも、この商品は消費者に求められているのか？」

「そもそも、チームリーダーは○○さんでいいのか？」

「そもそも、プロジェクトの方向性はこれでいいのか？」


「なぜ」や「そもそも」の答えを見つけていくことによって、話の核心や、会話をする相手が大事にしている価値観といった「本質」が浮かび上がってきます。

あるいは、その答えの不確かさや脆弱性に気づいたなら、それは〈本質からズレている〉のサインかもしれません。

そのズレに対して「○○の施策は、顧客の利益を損ねているのでは？」のようなツッコミを入れ、本質へと目を向けるきっかけをつくることもできるのです。

「なぜ」と「そもそも」で、さまざまな本質に迫ろう

「なぜ」と「そもそも」という2つの問いを使うことで近づける本質には、以下のようなものがあります。

・**理由**：物事がそうなった、また物事をそのように判断した根拠、わけ

【例】なぜ、そのシステムを導入するのか？

・**原因**：ある物事や、ある状態・変化を引き起こすもとになること

【例】なぜ、その事故は起きた？

・**動機**：人が何か行動を起こす際の内的な推進力や理由
【例】なぜ、この仕事に応募しようと思った？
・**必要性**：そのものが、どれほど必要であるかの程度
【例】なぜ、それを使う必要がある？
・**目的**：行動や取り組みの最終的なゴール
【例】このイベントのそもそもの目的は？
・**前提**：ある議論や判断、行動を進めるために必要とされる基本的な考えや仮定
【例】そもそも、金利2％で計算したこの試算を信じていい？
・**ニーズ**：要求や求めていること。ビジネスシーンにおいては「お客様の欲求」
【例】そもそも、お客様は何を求めている？

・**価値観**：人や組織などが大切にしているものの考え方

【例】そもそも、◯◯さんが大事にしている考え方はどういうもの？

もちろん、より直接的な言葉で本質に迫ってもいいでしょう。

理由は？／原因は？／動機は？／必要性は？／目的は？／前提は？／ニーズは？／価値観は？／定義は？／有効性は？／原理原則は？／条件は？／実現可能性は？／影響は？／効果は？／成果は？／責任は？／優先順位は？／メリットは？／デメリットは？／課題は？

これらは、本質と直結していることが多い、言わば「本質リスト」です。

とくに仕事の場面では、このリストを使うことによって、本質をより把握しやすくなります。仕事でミスの多い人や成果を出せていない人ほど、「本質リスト」の答えを把握していません。

一方で、仕事で成果を出し続けている人や、コミュニケーション能力が高い人は、「本質リスト」の答えを明言できる人が多いです。

あなたに自覚症状があるなら、なおのこと「本質リスト」の〈すべての答えを取りそろえる！〉くらいの気持ちで自問や質問をしていきましょう。

7つの事例で実践！　本質の見抜き方

本質の見抜き方【実践・仕事編1】

さて、ここからは、いよいよ本質を見抜くための実践に入ります。事例を通じて、本質の押さえ方や見抜き方を学んでいきましょう。

とりわけ仕事の場面では、本質を読み解く意識が欠かせません。本質を理解していないと、コミュニケーションに齟齬《そご》が生まれ、ミスやトラブル、機会損失を起こしてしまうことなどもあります。

「〇〇というメーカーのランニングシューズはありますか？」

靴店の店員さんが、お客様からこのような質問を受けました。
以下は店員さんの対応例です。

対応1：「当店では、そのシューズは置いていません」
対応2：「他店にあるかもしれません。在庫をお調べします」
対応3：「当店では、そのシューズは置いていません。ちなみに、どういう目的でお使いですか？」

①～③のうち、①と②は、本質への意識が薄い（ない）対応です。相手の言葉を額面通り受け取るだけで、その核心（＝本質）に迫ろうとしていません。
お客様の（そもそもの）ニーズに迫れていない、とも言えます。

一方、③は、本質への意識が高めの対応です。
もし③の質問を投げかけた際、相手が「出張先でウォーキングをしようと思っていまして」と答えた場合、次のような情報を伝えることができるかもしれません。

「それでしたら、ランニングシューズではなく、ウォーキング専用シューズのほうがいいかもしれません。当店にご用意がございます。

もし出張先で観光もしたいということであれば、足首に優しい旅用のスニーカーもあります。こちらは観光とウォーキング、どちらにもお使いいただけるタイプです」
③の対応が優れているのは、そもそもの目的（＝靴を買う目的）を聞く質問を含んでいるからです。
お客様のニーズに光を当てることによって機会損失を防ぎ、なおかつ、お客様にも喜ばれる提案をすることに成功しています。

「なぜ、そのシューズを求めているのか？」「そもそも、どんな目的で使うのか？」という本質志向な問いが、〈成果を生み出すお客様対応〉の土台になっているのです。

本質の見抜き方【実践・仕事編2】

前項でお伝えしたエピソードとも重なりますが、仕事における本質のひとつに「相手本位」があります。

自分の利益や都合だけを考える「自分本位」な姿勢は、そもそも仕事の本質から外れているため、誰かに喜ばれることが少なく、仕事の成果も出にくいもの。短期的には利益があったとしても、長期的にはマイナスになることがほとんどです。

一方で、相手やその場にいる人たち、あるいはお客様や社会の利益や都合を優先した場合、仕事はうまくいき、その仕事に関わるすべての人に利益がもたらされやすくなります。

なぜなら、「相手本位」こそが、仕事に通底する本質だからです。

以前、筆者は、ある雑誌のインタビュー記事を請け負っていました。

その記事では、取材相手の「知られざる魅力」を引き出すことがお約束となっていました。

ある回での取材相手は、全国区の知名度を誇るアナウンサーでした。

筆者は、編集部から「話し方の奥義」を聞き出すよう指示を受けました。

ところが、いざ取材をしてみると、話し方の話題がまったく盛り上がりません。

自身の話し方について言語化できないのか、具体的な話が何ひとつ出てきません。

一方で、ふとした瞬間に相手が語った「若かりし頃のアメリカでの武者修行」のエピソードが、ものすごく魅力的でおもしろい内容でした。

饒舌《じょうぜつ》に語るその目もキラキラ輝いています。

筆者は、この武者修行の間の精神の中に、この方のアナウンサーとしての魅力が詰まっていると感じ、それと同時に、雑誌の読者にとっても「ためになる内容」だと確信しました。

私は、インタビューの舵を大きく切り、アメリカでの武者修行の話を根掘り葉掘り聞き出しました。

結果、記事は大反響を呼び、私自身も編集部から高い評価を受けました。

もし、私が「編集部に言われたから……」という理由だけで「話し方の奥義」にこだわっていたなら、おそらくつまらない記事になっていたことでしょう。

筆者はもちろん、取材相手、読者、編集部……誰の利益にもならない（＝誰も喜ばない）ものを、世の中に送り出してしまっていたかもしれないのです。

「話し方の奥義」を聞き出すという編集部からの指示は、「読者に喜ばれる記事を届ける」という本質に優先されるものではありません。

「読者に喜ばれない」と感じたのであれば、用意していたプランを潔く破り捨てる勇気も必要なのです。

これこそが、本質を捉えた仕事の仕方ではないでしょうか。

翻って、あなたの仕事における「相手本位」は、どのようなものでしょうか？

「相手本位」の中身を一度言語化しておくと、本質を外すことなく高い成果を出せるようになるでしょう。

本質の見抜き方【実践・仕事編3】

本質を読み解くうえで注目したいものに「コツ」があります。

コツをつかむことで、技術が一気に上達したり、物事がうまく回りだしたり、結果が出やすくなったり、それまでできなかったことが嘘のようにできるようになります。
それは、コツの中に重要な本質が含まれているからです。

「肩の力を抜こう」。仕事からスポーツ、日常生活まで、よく聞かれるアドバイスです。しかし、そうアドバイスされて即肩の力を抜ける人はほとんどいないでしょう。中には、意識しすぎて、肩がよりガチガチになってしまう人もいます。

あるとき、テレビで元メジャーリーガーのイチロー氏が「肩の力を抜きたいなら、膝の力を抜かないといけない」という話をしていました。

「そうか！」と思い、以降、肩に力が入る場面で膝の力を抜くようにしたところ、本当に肩の力を抜けるようになりました。

これは、イチロー氏が「からだはすべて連動している」という本質を把握し、大切にしてきたからこそできたアドバイスです。

読解という観点で言うなら、その道に精通している人や上手な人、得意な人に「コツを聞く」ことによって、物事の本質理解へと行き着きやすくなります。

営業がうまくいかない。接客が上手にできない。◯◯の腕が上達しない。そんなときこそ、本質を含むコツをつかみ取りにいきましょう。

最短距離で答えを得るためには、「◯◯がうまくいきません。どうすればいいですか？」と聞くよりも、「◯◯がうまくいきません。コツを教えてもらえませんか？」と単刀直入に聞くほうがいいでしょう。

なお、普段からあらゆる事象に対し、「これをうまく活かす（上達する・得意になる）コツは何だろう？」と考えるクセをつけましょう。

そもそも本質からズレたところにコツはありません。

コツへの意識を高めることは、本質への意識を高めることでもあります。

本質の見抜き方【実践・プライベート編】

あなたは、同僚Aと雑談をしています。

同僚Aがあなたにこう言いました。

「一人カラオケなんて何が楽しいの？」と思って、ずっと馬鹿にしていたんだけど、この前、たまたま外で時間が空いたからカラオケ屋さんに入ってみたの。歌い始めたら止まらなくなっちゃって、あっという間の3時間（笑）。頭と心がスッキリして、気分爽快だった。周囲の目を気にすることも、誰かに遠慮することもなく没頭できるって、最高だわ。

あなたは、このエピソードをどう読み解きますか？

もちろん、読解アプローチはひとつではありません。どの深さで読解するのかにもよります。

表層読解のみでまとめるなら、「ようやく一人カラオケの楽しさに気づいた同僚A」程度でOKです。

実際のところ、ただの雑談での発言と考えれば、これくらいの読解でまったく問題なく、「どんな歌を歌ったの？」などと会話をふくらませていけばいいでしょう。

では、本質読解という意味では、どんな読み解き方ができそうでしょうか？

たとえば、「社会的圧力から解放されて悦に入る同僚A」という読み解き方はどうでしょう。

とくに、「周囲の目を気にすることも、誰かに遠慮することもなく没頭できる」という言葉からは、普段、周囲の目を気にしてストレスを溜め込んできた同僚Aの姿が浮かび上がってきます。

もし同僚Aのことを本当に理解しようと思うなら、言葉の意味を読み解く「表層読解」だけでなく、その奥に潜む「深層読解」や、その核心に迫る「本質読解」も発動させる必要があるのです。

同僚Aの話に対して、いい意味で違和感を抱き、「なぜ、Aはこんなに楽しそうに話しているのか？」「そもそも、このエピソードの背後には何が隠されているのか？」のように考えることによって、深層や本質をつかめる可能性は格段に高まります。

「パーソナル本質」の見抜き方

対人関係において、相手のことを理解する際には「パーソナル本質」を見抜くことが肝心です。この「パーソナル本質」の中には、その人の価値観や才能、生来の気質などが含まれています。

「パーソナル本質」が見えていない状態だと、「話が噛み合わない」「話が通じない」「気持ちを理解できない」などの不具合を招きやすくなります。

一方で、「パーソナル本質」が見えていれば、その人のことをより深く読解・理解することができます。

以下は、その人の「パーソナル本質」に迫ることができる質問例です。

①あなたにとって成功とは？
②もし時間やお金の制限がなければ、何をしたい？
③あなたに一番影響を与えた人物は？　また、それはなぜ？
④あなたにとって幸せとは？
⑤あなたにとってお金とは？
⑥あなたにとって仕事とは？
⑦あなたにとって自由とは？

⑧人生で最もツラかった経験は？　そこから何を学んだ？
⑨人生で最も誇りに思うことは？
⑩あなたが大切にしている自分の時間は？
⑪あなたにとって家族とは？
⑫どういう瞬間にイラッとする？
⑬あなたの人生で後悔していることは？
⑭あなたが言われて嬉しい言葉は？
⑮あなたが最近感動したことは？
⑯あなたの現在の目標や夢は？
⑰あなたが尊敬する人は？
⑱あなたの座右の銘は？（座右の書は？）
⑲印象に残っている幼少期の出来事は？　それについて、あなたはどう感じている？
⑳もしあなたが世界を変えることができるとしたら、何を変える？

質問しにくい項目も含まれていますが、チャンスがあれば、質問してみるといいでしょう。

より深くパーソナル本質の核心に迫りたいなら、前述した「なぜ」と「そもそも」を使いながら、さらに情報を深掘りしていきましょう。

・なぜその映画（音楽、漫画、スポーツ、習慣など）が好きなの？
・なぜその映画（音楽、漫画、スポーツ、習慣など）が嫌いなの？
・なぜそれを幸せだと思うの？
・なぜその目標（夢）なの？
・なぜその人を尊敬しているの？
・なぜその言葉（座右の銘など）が好きなの？
・なぜその考え（意見、主張、哲学、思想など）なの？
・そもそも、この仕事（趣味・マイブーム）に興味を持ったきっかけは？
・そもそも、普段怒ることはある？
・そもそも、今の仕事は天職だと思う？

・そもそも、普段休日は何をしているの？

できるだけ手短に「パーソナル本質」に迫りたいときのショートカットツールとして、これらの質問群をお使いください。

本質の見抜き方【実践・物事&出来事編】

読み解く対象が人ではなく、物事や出来事の場合、その本質は「原理原則」であることがほとんどです。

先ほどの「一人カラオケ」のエピソードですが、もし同僚Aという情報を外して考えた場合、そこから見えてくる本質にはどのようなものがあるでしょうか。

たとえば、「先入観にとらわれず、新しいことを試みる価値」のような本質が見えてくるかもしれません。

事実、一人カラオケを馬鹿にしていた同僚Aが、実際に体験してみたところ、予想外に魅力を実感したというのがこのエピソードです。

「先入観にとらわれず、新しいことを試みる価値」という本質は、あらゆる人や組織に適用可能な原理原則ではないでしょうか。

もちろん、「普遍的」「汎用的」「シンプル」の本質3大要素も満たしています。

筆者自身は、地球や自然の原理原則を用いて、物事や出来事の本質に迫ることがよくあります。

地球や自然の原理原則のひとつが「循環」です。

世の中の人、物、自然はそのすべてが（ときに強く・ときに弱く）つながりを持ちながら循環しています。

仕事、人間関係、お金、健康など、何かがうまくいっていないときは、どこかで循環不全が起きています。

「詰まり」がどこにあるのかをていねいに見ていき、その詰まりを取り除く。あるいは、みずから循環を生み出す手段を講じる。そうすることで、物事が改善へと向かいやすくなります。

からだや心の不調に悩まされているときは、血液やリンパが正常に循環していなかったり、消化器官に詰まりが生じていたり、ストレス（負の感情）が溜まっていたりするものです。

その「詰まり」を取り除いて、循環を生み出すことによって、少しずつからだや心が復調へと向かいやすくなるのです。

このように、この世の原理原則は、あらゆるものに応用できる本質と言えます。

とくに、何か問題や課題を読み解く際は、自然界の本質と照らし合わせながら読解・解決の糸口を探してみてもいいでしょう。

【自然界の本質（一例）】

因果関係／バランス／適応／成長と進化／エネルギー保存の法則（物理学ではエネルギーは消失せず、形を変えるのみ）／食物連鎖／自然治癒力／多様性／リズムとサイクル／相互依存／自然淘汰

「アクティブ読解」で本質を瞬時にキャッチする

文章読解力を高めるためには、「受け身の姿勢」から脱却する必要があります。

文章の内容は、読む人の頭に自動的に入ってくるわけではありません。

その文章を読み解き、本質に迫るためには、読む人自身が文章と積極的に関わらなければいけません。

この主体性・能動性＝「アクティブ読解」こそが、文章読解時に最速で本質をキャッチする原動力です。

以下、アクティブ読解における６つのアプローチをご紹介します。

①この話のテーマは何か？

テーマとは、その文章が扱う主題のことで、その多くは短い言葉で表すことができます。

実務・実用的な文章であれば、健康、美容、お金、仕事、心理学など、わかりやすくテーマ設定されているものがほとんどです。

一方、小説などであれば、愛、友情、争い、家族、孤独、成長、正義、罪、許し、自由など、複数のテーマが混在しているケースも珍しくありません。

中にはメインテーマのほかに、裏テーマが包含されているケースもあります。

多くの場合、テーマは、その文章や作品の根底に流れており、折につけ、文章や文脈から香り立ってきます。

その後の読解をスムーズに行なうためにも、早めにテーマを押さえておきましょう。

②この話の論点は何か？

論点とは、「議論の中心となる問題点」のことです。

文章の場合は、広く「書き手が持っている問題意識」と捉えるといいでしょう。

論文、リポート、評論、批評などでは、論点を押さえることで読解が進みやすくなります。

たとえば、「自由」をテーマにした文章であれば、「社会的制約が自由に与える影響」「子どもにとって自由とは？」「ＳＮＳの自由はどこまで許されるか」——など、段落分けしつつ、細かく論点が設定されていることもあります。

論点はテーマよりも具体的であり、「果たして○○なのか？」「○○は何か？」「○○できるのか？」など疑問形で表せるケースも少なくありません。

「書き手が何を問題・課題として扱っているか」に意識を向けることによって、論点を読み解きやすくなります。

それでは、以下の文章を読み、テーマと論点を洗い出してみましょう。

【段落1】

歴史を振り返ると、権力の腐敗や暴走はくり返し起こってきました。古代ローマ帝国、中世の封建制度、近代における独裁政権など、権力が集中し、その結果として腐敗や暴走が生じるケースは数多く存在します。

それにしても、権力の腐敗や暴走は、なぜ、そして、どのようにして起こるのでしょうか。また、権力の腐敗を防ぐためにはどのような対策が有効でしょうか。さらに、腐敗した権力に対して個人が取るべき行動とは？

本稿では、権力の腐敗と暴走について考えていきます。

【段落2】

権力の腐敗や暴走は、権力が集中しすぎることで生じることがほとんどです。権力を持つ者が誰からもチェックを受けずに自分の意志を遂行できる状況は、権力者の慢心や支配欲を助長します。

また、長期間にわたり同一人物やグループが権力を保持すると、その権力は腐敗しやすくなります。権力の集中は、権力者が自分の利益を優先し、公的な義務や責任を軽視する傾向を生み出します。

これにより、不正行為や権力の濫用が横行し、結果として社会全体に悪影響を及ぼすことになります。

【段落3】

権力の腐敗や暴走を防ぐためには、いくつかの対策が必要です。

まず、権力の分散が重要です。三権分立や地方分権など、権力を複数の機関や地域に分けることで、権力の集中を防ぐことができます。

また、透明性を高める方法も有効です。権力者の意思決定プロセスや行動が見えるようになっていれば、不正行為が発覚しやすくなります。

さらに、メディアや市民社会の監視も効果的です。自由な報道と市民の監視活動は、権力者に対する抑止力となります。

【段落4】

では、腐敗・暴走した権力に対して、個人はどのように行動すべきでしょうか。

まず、情報を収集し、事実を知る必要があります。そのうえで、市民としての権利を行使しなければいけません。選挙に参加し、公正な代表者を選ぶことや、抗議活動や署名運動を通じて意見を表明する方法もあります。
また、腐敗に対して法的手段を活用する選択肢もあります。不正行為を告発し、法の下での正義を追求することによって、権力の腐敗や暴走を食い止めやすくなります。

【段落5】

歴史上の事例から学ぶことも大切です。たとえば、ローマ帝国の崩壊は、権力の集中と腐敗が原因のひとつでした。また、20世紀の独裁政権、たとえばナチス・ドイツやソビエト連邦の独裁体制も、権力の濫用とそれに伴う腐敗が政権を崩壊させる一因となりました。これらの事例は、権力の分散と透明性の確保、市民の監視がいかに重要かを教えてくれます。

【段落6】

現代社会においても、権力の腐敗や暴走の危険は依然として存在します。政府や企業の腐敗、不正選挙や権力の濫用など、直面する課題は山積みです。
これらの課題に対して、私たちは歴史から学び、適切な対策を講じることが求められます。とりわけ権力の腐敗や暴走を防ぐためには、権力の分散、透明性の確保、市民の監視が不可欠です。歴史上の事例から得た教訓を活かし、腐敗のない公正な社会を目指すことが、私たちの責任と言えるでしょう。

テーマと論点を洗い出せましたか？

テーマや論点を押さえておくことで、この文章の大枠をつかむことができるほか、その文章に通底する本質を見抜きやすくなります。

以下は、筆者が洗い出したテーマ（1つ）と論点（4つ）です。

【テーマと論点の例】

・**テーマ**：権力の腐敗や暴走

・**論点1**：権力の腐敗や暴走の原因は？

・**論点2**：権力の腐敗や暴走を防ぐ対策は？

・**論点3**：腐敗・暴走した権力に対して取るべき個人の行動は？

・**論点4**：権力の腐敗や暴走について歴史上の事例に学ぶ

③この話の結論は何か？

「結論」は、その話・文章で伝え手が最も伝えたい意見のことで、その文章の本質を射抜いていることが多々あります。

結論を押さえることは、正しく読解を進めるうえで極めて重要です。

結論を見つける方法のひとつは、文章の序盤と終盤に注意を向けることです。

多くの書き手は、文章の序盤および終盤で結論を示しています。

また、結論を伝える際には「～必要がある」「～すべきだ」「～が不可欠だ」「～にすぎない」などの表現が使われることが少なくありません。

これらの言葉が出てきたら、「結論では？」と考えるようにしましょう。

どうしても結論がつかめないときは、各段落のめぼしいキーワードを拾っていき、それらがどのようにつながっているかをチェックします。

そのキーワードが絡む論理に注目することで、書き手の思考の流れを追いやすく、また、結論を見つけ出しやすくなります。

段落ごとに見ていく場合は、その段落の最初か最後に、その段落の結論や、めぼしいキーワードが含まれていることが多いです。

では、136~139ページに載せた文章の結論は何でしょう?

セオリーを重視するなら、序盤と終盤への意識を強めます。

しかし、文章の序盤は、テーマと論点の提示にとどまっており、書き手の結論はこの時点では示されていません。

一方、最終段落には、書き手がここまでに述べてきた内容をまとめる形で見解が示されています。

「~が不可欠です」という言葉も使われています。結論と見ていいでしょう。

> とりわけ権力の腐敗や暴走を防ぐためには、権力の分散、透明性の確保、市民の監視が不可欠です。歴史上の事例から得た教訓を活かし、腐敗のない公正な社会を目指すことが、私たちの責任と言えるでしょう。

万が一、この結論が示されていなかった場合、どう結論を把握すればいいのでしょう？最善策は、書き手の「意見として強い」と考えられる段落や文章を見ていくことです。

前述の通り、「結論」とは、その話・文章で伝え手が最も伝えたい意見のことです。

この文章で最も紙幅が割かれているのは、「権力の腐敗や暴走の防止策」についての記述です。段落3〜5がそれにあたります。

この3つの段落に優先順位をつけるなら、段落3（＝3つの具体的な施策）がメインで、段落4（＝個人の対応策）、段落5（＝歴史上の事例に学ぶ）がサブと言えるでしょう。

したがって、段落3をまとめることで、書き手がより重視している意見（＝結論）を把握することができます。

もっとも、世の中には、段落分けすらできておらず、論点や結論が見えにくい文章も存在します。

そういうときは、「この書き手は何を言いたいのだろう？」という問いを念頭に置き、文中からキーワードを拾い上げていきましょう。

とくに、言葉を変えつつも、くり返し書かれている言葉は主要キーワードである可能性が高く、その周辺に結論が書かれていることも少なくありません。

キーワードの意味がわからないときは、その場ですぐに調べましょう。「意味がわからない言葉」の意味がわかるだけでも、視界がパッと晴れて、一気に理解が深まることもよくあります。

④結論を支える理由・根拠は何か？

結論には必ず理由や根拠が存在します。

その理由や根拠を把握することで、より正確な読解へと進みやすくなります。根拠や理由に説得力があれば、その結論への評価が高まりますが、説得力に乏しければ、結論への評価は下がります。

次の文章を見てください。

> 小学校から高校まで卓球をしていた影響もあり、現在は美容師をしています。

書き手は、さも当然のことのように書いていますが、読み手からすると因果関係に乏しく納得感を得られません。

卓球と美容師がどうつながっているのかが不明瞭です。

この手の文章に納得してしまうとしたら、読解力が低いと言わざるを得ません。

小学校から高校まで卓球をしていた経験が、現在の美容師という職業に大いに影響を与えています。卓球は、手や腕の動きや反射神経を必要とするほか、高い集中力が求められるスポーツです。美容師がカットをする際も、正確で繊細な手や腕の動きが求められます。もちろん、集中力がなければお客様の髪にハサミを入れることすらできません。粘り強さが結果に影響するのも、卓球と美容師の共通点かもしれません。

先ほどの文章に比べると、根拠が明確で説得力があります。

【卓球と美容師に共通するもの】

①手や腕の動きや反射神経を必要とする
②高い集中力が求められる
③粘り強さ

卓球と美容師の共通点を明らかにすることによって、文章の説得力が高まりました。

話や文章を読み解く際は、書かれていることを鵜呑みにするのではなく、その結論を支える論理や根拠の有無や強弱をしっかり見ていきましょう。

根拠が乏しいときは、その結論に対して「納得できない」という評価を下したり、「どのような根拠がありますか？」と質問したりする勇気も必要です。無理やり理解することだけが読解力ではありません。

⑤この話の本質は何か？

本質とは、「物事の『芯』や『核』とも言える部分で、そのものがどういうものかを根底から説明する要素」のことでしたね。

先ほどの文章「権力の腐敗や暴走」の本質はどういうものなのでしょう？

以下は、筆者が読み解いた本質の一例です。

・**本質1**：どんな権力にも、あらかじめ「腐敗や暴走の種」が埋め込まれている

→これは、権力の集中が腐敗や暴走を招くという段落2や段落5の主張から導き出せます。

・**本質2**：その種を発芽させないためには、人的なシステムを用いる必要がある

→これは、段落3や段落5、段落6で述べられている防止策（権力の分散、透明性の確保、市民の監視）から導き出せます。

これらの本質は、文章内で明言されてはいません。

以下の思考プロセスによって導き出したものです。

【共通点の抽出】

各段落の共通点は、権力の腐敗とその防止策に関する内容であることです。

とくに、「権力の集中が腐敗を招く」という点がくり返し強調されています。

【権力の性質の理解】

文章全体を通して、「権力が集中すると、腐敗や暴走が生じる」という見解が示されています。

このことから、「どんな権力にも、あらかじめ『腐敗や暴走の種』が埋め込まれている」という本質を導き出しました。

【対策の重要性の強調】

段落3で示され、段落6で念押しされている防止策（権力の分散、透明性の確保、市民の監視）は、人的なシステムを活用して腐敗や暴走を防ぐ方法です。

この点から、「『腐敗や暴走の種』を発芽させないためには、人的なシステムを用いる必要がある」という本質を導き出しました。

⑥アウトプットで読解の質を高めていく

くり返しになりますが、その文章が読む人に自動的に何かを与えてくれることはありません。

その文章から何を得るかは、読む人の意識次第です。

先ほどの「権力の腐敗&暴走」の文章も、何の問いも持たずに読んだ人と、ここまで紹介してきたポイント（以下①〜⑤）を意識しながら主体的・能動的に読み解こうとした人とでは、読解の質に大きな差が生じます。

①この文章のテーマは？
②この文章の論点は？
③この文章の結論は？
④結論を支える理由や根拠は？
⑤この文章に書かれていることの本質は？

くわえて、文章読解力を高める強力なアプローチが、文章の内容を「アウトプットする（書く・話す）」ことです。

「読んだらアウトプットする」と決めておくだけで、脳内にアンテナが立ち、読解効果が飛躍的に高まります。

もちろん、読み終えたら必ずアウトプットしましょう。

アウトプットする内容は、①〜⑤の答えでもいいですし、あなたが設定した目的に応じたものでもOKです。

あなたが「権力の腐敗&暴走を防ぐ方法はあるのか？」という目的意識を持って読んだのであれば、その目的に沿った答えをアウトプットすればいいのです。

頭で理解したつもりになることと、書き出して自身の血肉にすることの間には、広く深い溝があります。

人はアウトプットしながら思考を巡らせ、情報を整理していきます。

そのプロセスで、自身の理解の浅さや誤りに気づくことも少なくありません。

アウトプットすることは、その人の理解を適切に修正・アップデートしていくことでもあるのです。

なお、文章に目を通しながらアウトプットする方法より一段高い効果が得られるものに、(文章を伏せて)自分の理解だけを頼りにアウトプットする方法があります。どんなことが書かれていたのか思い出しながら書くことで、強力な「理解の箱」ができていきます。

慣れてきたら、何も見ずにアウトプットする方法も取り入れていきましょう。

文章読解が苦手な人へのリカバリー方法

前項まででお伝えした「アクティブ読解・6つのアプローチ」が難しく感じた人は、以下にまとめた内容に集中して文章読解をしましょう。

①重要な言葉(キーワード)を見つける

文中でくり返し使われている言葉やフレーズに注目しましょう。

たとえば、同じ単語や似た表現が何度も出てくる場合、それはその文章の中心となるメッセージ(=本質)を示していることが多いです。

②書き手の意見に注目する

「～すべきだ」「～必要がある」「～が重要である」といった、文章の書き手が意見や提案を述べている部分に注目しましょう。

これらの表現は、書き手の意見や主張であり、その内容に本質が含まれていることも少なくありません。

③結論を導き出す接続詞の直後に注目する

「したがって」「そのため」「よって」のような、結論を導く接続詞の直後の文に注目しましょう。

これらの接続詞の直後には、要点や結論が書かれていることが多いため、効率よくポイントを把握できます。

④最初と最後に注目する

多くの文章では、序盤でテーマが提示され、終盤で結論やまとめが示されます。

この両方に注目するだけでも、本質に近づく手がかりを見つけやすくなります。

①〜④に慣れてきたら、再度、「アクティブ読解・6つのアプローチ」へと足を踏み入れましょう。

より深い読解へと進むことができます。

なお、アクティブ読解の効果をより高めたいなら、「そのテキストを何のために読むのか」、あらかじめ「読む目的」を決めることが大事です。目的を決めることによって、脳内にアンテナが立ち、そのアンテナに最適な情報が吸い寄せられてきます。

たとえば、先ほどの文章「権力の腐敗や暴走」を読む際に、「チームリーダーとしてのスキルを学ぶ」という目的を設定した場合、脳はリーダーに関連する情報を優先して収集します。

その結果、リーダーが抱えるリスクや、リーダーに与えられた特権の適切な使い方、リーダーの倫理観やあるべき姿勢などを深く学ぶことができるのです。

「多角的」なアプローチで本質に迫る

予測＆推測読解のすすめ

読解力の高い人ほど、予測する習慣が身についています。

この話はこう展開されるのではないか？　この話の結論やオチは◯◯ではないだろうか？――のように予測するのです。

予測通りであれば、「やっぱりそうか」と〈読み解いた感〉が高まります。

一方、予測と異なる結果であれば、「なぜ予測が外れたのか？」という点に意識が向くでしょう。

予測と結果の差分を検証することで、より深い読解へと行き着くことができるのです。

また、そこで得た経験値が、次回以降の読解のデータ（＝「理解の箱」）として蓄積されていきます。

予測の精度を高めるためには、文脈把握に力を入れるほか、「理解の箱」も総動員します。

たとえば、話し手が「いやー、昨日は失敗しちゃったよ」と言ったあと「地下鉄に乗ったんだけど……」と続けたなら、その文脈と自身の経験値から、電車に関する失敗があったのでは？――と予測します。

それまでの自身の経験などから、「電車の乗り間違えか？」「乗り過ごしか？」「傘やスマホを車内に忘れたのか？」と予測できれば及第点です。

続いて相手が「混んでいたから珍しくバッグを網棚にのせたんだ」と言ったなら、「その荷物を忘れたのか？」と、新たに予測します。

このように、常に予測しながら相手の話に耳を傾けます。

もっとも、相手の話をよく聞いていなければ、いい予測はできません。

つまり、予測をすることは、傾聴への意識を高めることでもあるのです。

予測と検証をくり返すほどに、読解精度が高まっていきます。

先ほどの電車の話のオチが、「バッグに入れていた水筒のフタがゆるんでいたようで、お茶がしみ出て、網棚の下に座っていた人の頭にポタポタと垂れちゃって、えらい大惨事になった（笑）」だった場合、聞き手の中に新たな経験値（失敗談）が蓄積されます。

そのエピソードから「バッグの中の液体物は危険である」「飲み物のフタのゆるみに注意」という気づきを得る（「理解の箱」をつくる）ことで、以降の予測力がさらに高まります。

予測を活用した読解は、単に理解力を高めるだけでなく、本質を見極める力を養うための効果的なトレーニングでもあります。

まず、予測した内容が当たっていたかを検証することで、その背後にある原理やルールを明らかにすることができます。

これにより、状況に応じた本質的な要素やパターンを把握する力が磨かれます。

また、予測しながらも、常に「なぜその予測が成り立つのか」「その前提条件は何か」

と問い続けることが重要です。

このような疑問を深めるプロセスを通じて、表面的な理解にとどまらず、文章や状況の奥に潜む本質を探ることが可能になります。

さらに、ひとつの予測に固執せず、複数の可能性を同時に考えることで、物事をさまざまな角度から捉える習慣が身につきます。

この多角的な視点は、複雑な問題や現象の本質を明らかにするうえで役立ちます。たとえ予測が外れたとしても、異なる結果が生じた理由を探ることで、新たな認識や気づきを得られるでしょう。

このように、予測を実践し、結果を振り返る習慣を身につけることで、読解力だけでなく、本質を見極める洞察力も磨かれていきます。

相手が「何を言いたいのか？」を考えながら話を聞く

会話における読解で何より大事なのは、「相手が何を言いたいのか？」という点に意識を向けることです。

読解力が低い人ほど、「相手が何を言いたいのか?」を十分に考えず、自分の解釈で内容を捉えがちです。

中には、自分の都合のいいように情報を脳内変換したり、情報を捻じ曲げて捉えたりする人もいます。

しかし、それでは相手の言葉を読解したことにはなりません。

ましてや、その人の言動や考え方の核となる「パーソナルな本質」を捉えることはできません。

「パーソナルな本質」を理解するためには、相手の言葉だけでなく、その言葉がどのような背景や感情から発せられたものなのかを感じ取る必要があります。

相手の話を聞く際には、その人の体験、感情、価値観が反映されている点に注意を払うことが重要です。

これにより、単なる言葉の意味を超え、相手が本当は何を伝えたいのか、どのような意図を持っているのかが少しずつ見えてきます。

コミュニケーションについて扱った本に、よく「相手の話を聞くときは、しっかりリアクションを取りましょう」といったことが書かれています。

リアクションを取ることによって、相手が話しやすくなるからです。

実は、読解力においても、相手の話にリアクションを取ることが有効です。

とくに大事なリアクションが、「うなずき」と「相づち」です。

【うなずき】

相手の話に合わせて首を縦に振るリアクションです。

もちろん、闇雲にうなずけばいいというものではありません。

大事なのは、「(話の意味が)わかった」というタイミングでうなずくこと。意味に応じて適切にうなずくことは、相手の話への集中力を高めることにつながります。

【相づち】

相手の話の調子に合わせてうなずいたり、短い言葉を差し挟んだりするリアクションです。

差し挟む言葉は「ええ」「はい」「そうですか」「たしかに」「やっぱり！」「本当ですか？」「それで？」——など。最適なタイミングで相づちを打つためには、相手の話の内容をしっかり理解している必要があります。

「うなずき」と「相づち」を用いることで、相手の話への集中力が高まり、その結果、話を読み解く精度も高まります。

初めからパーソナルな本質が見えずとも、うなずきや相づちを交えながら真摯に耳を傾け続けることで、相手は少しずつ安心感を強め、意識的にも無意識的にも、あなたに本音や本心、真意を伝え始めます。

表層的な情報ではなく、その根っこにある価値観や動機、感情をオープンにしてくれるようになるのです。

たとえば、常に活発で成果を上げている同僚が、実は「頑張っていない自分には価値がない」と自己評価していることに気づく、という具合です。

それがどんな種類のものであれ（あなたの価値観や感覚にそぐわないものであれ）、その内容をジャッジせず、フラットに受け止めることが重要です。

そもそも、受け止めようという姿勢のない相手に対して、多くの人は「パーソナルな本質」を見せようとはしません。

むしろ、自分の本質にフタをして、取り繕う言動をしてしまうようになるのです。「パーソナルな本質」を読み解けるか否か、そのカギを握っているのは、相手ではありません。あなたの聞く姿勢にかかっているのです。

わからないことは「その場で質問する」

「うなずき」や「相づち」に加えて、「相手に質問する」ことも組み合わせていきましょう。

こと本質は、会話の水面下に潜んでいるケースがほとんどです。

こちらから積極的に質問することによって、相手の考え方や価値観、隠された意図まで深く理解できるようになっていきます。

とくに、「なぜ、◯◯をしましたか?」といった理由を探る質問は、相手の行動や決断の背後にある動機や信念を明らかにし、その人の「パーソナルな本質」に迫るうえで有効です。

また、「具体例を教えていただけますか？」「その点について、実際にあった事例を挙げていただけますか？」のように具体的な事例を求める質問は、相手がどのように思考し、情報を処理しているかを突き止める手がかりとなります。

これにより、相手の思考パターンや問題解決のアプローチを具体的に捉えることが可能となります。

さらに、「要するに、どういうことでしょう？」「結局、それにはどのような意味がありますか？」のように、逆にまとめや抽象化を促す質問も有効です。

考えをまとめるプロセスにおいて、相手がどのように情報を整理し、エッセンスを抽出しているかが理解できます。

質問は、相手や物事の本質を読み解くサポートをしてくれるだけでなく、人間関係を構築していくうえでも極めて重要です。

相手が自分の思考や感情を明らかにしやすくなるため、より深いレベルでのコミュニケーションへと進むこともできます。

「とにかく要約」で本質を確認する

相手の話を正しく理解し、その本質をつかむためには、自分が聞いたことを相手に確認するプロセスが重要です。

この確認には「瞬発確認」と「要約確認」の2種類があります。

【瞬発確認】

会話中、意味不明な点をそのままにしておくと、その先の話に集中できなくなることがあります。

そんなときは、間髪を入れず、その場で確認を取りましょう。

「それをする目的は何ですか？」「今話しているのは◯◯の方法についてですか？」『それ』というのは、どれのことですか？」「一般的に言われている◯◯との違いは何ですか？」など。「わからない」と思った瞬間に切り込んでいきます。

単刀直入に聞くことで、相手の意図や目的を即座に引き出すことができます。

もっとも、この確認は相手の話の流れを断ち切る可能性があるため、できるだけ謙虚な態度で行なうことが肝心です。

【要約確認】

相手の話を自分の言葉で要約し、それを相手に確認する方法です。

「結局、何が言いたいのだろう?」という場面や、「おそらく合っているはずだけど、念のため確認しておきたい」という場面に適した確認方法です。

一例としては、「A社の草案をチェックしてからB社に正式に連絡を入れる、という理解で合っていますか?」「まずは△△に焦点を当てるべき、という意味ですか?」――という具合です。

要約を通じて、相手の発言の本質を把握し、理解を深めていくことができます。

あなたが相手の話の本質を捉えたと感じたときは、「その話の本質は◯◯ですね?」と単刀直入に確認してみてもいいでしょう。

この要約確認は、相手の言ったことを整理し、話の中核や真意、つまりは本質をつかむうえで有効です。

もしその要約に誤りがあれば、相手はただちに訂正を入れるでしょう。

つまり、どちらにしても、正しい理解へと行き着きやすくなるのです。

もちろん、要約自体がダラダラと長くなっては意味がありません。

できるだけ一文を短くし、「○○は△△ですね？」程度の確認を心がけましょう。

10秒以内で確認できれば及第点です。

「二者択一」OR「三者択一」で相手の言語化を促す

質問をしてもパキッとした回答を得られない……。

ふわっとした言葉しか出てこず、本質が見えない……。

（相手が）言語化してくれないので要約することもできない……。

そんなときは、こちらから選択肢を提示する「二者択一」や「三者択一」というアプローチが効果的です。

「『からだを鍛える』と『からだを整える』だと、どちらに近いですか？」
「サスペンスとミステリーとホラーだと、どれに近いですか？」
「それは浪費、消費、投資で言うと、どれにあたりますか？」

このように、二者択一や三者択一で答えを絞り込みながら、相手が本当に言いたいこと（真意や意図、価値観など）を引き出していくのです。

言語化が苦手な相手に対して、「それは浪費ですか？」と限定的な確認の取り方をしてしまうと、「いいえ」のように、ひと言で返されて、新しい情報を得られないことがあります。

そこで「◯◯と△△と□□だと、どれに近いですか？」のように、相手が選びやすい二者択一、三者択一の形で情報を提示するのです。

この確認の取り方であれば、相手も「あっ、それそれ！　どちらかと言うと△△のイメージに近いです」のように語ることができ、そこから会話が深まりやすくなります。

もちろん、「うーん、どれも違うかなあ」という答えだった場合は、強力な3候補（◯

○、△△、□□）が消えたわけですから、それはそれで絞り込まれた、と考えることができます。3候補を除外する形で新たな質問をしていきましょう。

なお、「二者択一」や「三者択一」で絞り込んだ情報の解像度をさらに高める必要があれば、二の矢、三の矢を相手に打ち込んでいきましょう（二の矢以降の質問は「○者択一」でなくても構いません）。

話を深めることは、本質を浮かび上がらせるうえで極めて重要です。

なお、一気に本質に迫りたいときは、本質としてよく用いられるワードを「二者択一」や「三者択一」に盛り込む方法もあります。

「○○さんが仕事に打ち込む理由は、お金のため、自己実現のため、他者貢献のため、いったいどれでしょうか？」という具合です（多くの場合、「理由」には物事の本質が含まれています）。

もちろん、このような質問ができるようになるためには、世の中に存在する本質を幅広く集めておく必要があります。普段から本質をつかむ意識を高めて、「本質のコレクション」を増やしていきましょう。

「キーワード読解」で本質をつかむ

キーワードを手がかりに深く掘り下げる

「アクティブ読解」の項（133ページ）で「キーワード」について、少し触れましたが、もう少し詳しく説明します。

キーワードとは、話の要点や重要な情報を示す言葉のことです。

キーワードを捉え、正しく読み解く力は、単に言葉の意味を理解すること以上の価値を含んでいます。

なぜなら、話の中核となるアイデアやメッセージは、キーワードで示されていることが多いからです。

キーワードを手がかりに深く掘り下げる読解作業によって、私たちは、表面的な情報を超えて、本質を含む、より豊かで深い理解へと導かれていくのです。

キーワードになり得るのは主に名詞であり、形容詞や副詞、助詞などは省かれます。主要なキーワードを把握することで、文章の全体像や筆者の意図を読み解きやすくなります。

> 近年、労働市場は急速に変化し、多くの人々が転職を考えるようになっています。
> この大転職時代には、柔軟な働き方とキャリア形成が求められます。

この文章の中にはいくつかのめぼしいキーワードが含まれています。

> 大転職時代／柔軟な働き方／キャリア形成

これらのキーワードに注目することで、「この文章は何について書かれたものなのか？」を大まかに推測することができます。

中でも、その伝え手がくり返し――ときに表現を変えながら――述べている言葉は重要なキーワードである可能性が高めです。

とくに、話の序盤や終盤に、結論や本質に結びつく重要なキーワードを含んでいるケースが少なくありません。

また、キーワードと併せて、そのキーワードに連動する動詞や形容動詞もチェックします。

とくに本質の理解に欠かせないのが、結論や根拠に直結する動詞や形容動詞です。

たとえば、先ほどの文章の終盤に出てくる「求められる」という動詞は、結論に直結する重要な動詞です。

この動詞に関連する「柔軟な働き方とキャリア形成が求められる」というフレーズが、この文章の重要箇所であることがわかります。

なお、以下は、重要なキーワードにつながることが多い動詞・形容動詞の一例です。

キーワードと組み合わされることでキーフレーズとなります。

重要だ／大事だ／大切だ／必要だ／肝心だ／可能だ／当然だ／確実だ／適切だ／必須だ／明らかだ／欠かせない／求められる／考えられる／判断する／分析する／提案する／実施する／実行する／評価する／示す／示唆する／指摘する／傾向が明白だ（曖昧だ）

もちろん、肯定的な意味の言葉だけではなく、「不必要だ」「重要ではない」という否定的な意味の言葉でキーワードが強調されることもあります。

長文を読解する際には、まず全体をざっと見てキーワードを拾い上げ、結論や本質に直結しそうな部分を予測し、その後、論理的な結びつきを確かめながら文章を読んでいきましょう。

最後に、再びキーワードに戻り、「結論や本質」に間違いがなさそうか確認します。このプロセスを踏むことで、読解精度を高めることができます。

傍線を引きたくなるキーフレーズや名言にも注目しよう

思わず傍線を引きたくなるような言葉にも注目しましょう。

「心がときめくモノだけを残す。あとは全部、思いきって捨ててみる。すると、その瞬間から、これまでの人生がリセットされ、新たな人生がスタートするのです」

これは、「こんまり」さんこと近藤麻理恵さんの世界的ベストセラー書籍『人生がときめく片づけの魔法』（サンマーク出版）に書かれている文章です。

この冒頭の「心がときめくモノだけを残す」は本書の本質をズバッとひと言で示したものであり、キーフレーズと言っていいでしょう。

このキーフレーズに込められた精神が理解できている人は、こんまり流お片づけを実践できる人とも言えます。

「心がときめくモノだけを残す」もそうですが、名言――キーフレーズ――に触れることは、本質読解の手助けになります。

名言がなぜ名言として残り続けるかと言うと、その中に、時代を超えて使える知識や知恵、そして本質が含まれているからです。

名言に触れることは、本質を察知する力を伸ばしていくことになります。

「ドリルを買いに来た人が欲しいのは、ドリルではなく『穴』である」

これは、アメリカ人の経済学者であるセオドア・レビット氏の言葉で、今ではマーケティングの重要な考え方として浸透しています。

ホームセンターに電気ドリルを買いに来た人がいます。

この人は何が欲しいと思いますか？　もしかしたら、欲しいものは「ドリル」ではなく「穴」かもしれません。

この名言は、顧客志向の重要性を認識させると同時に、顧客が何に対価を払っているかについて、表面的に見えるものだけにとらわれてはならないことを示しています。

この考え方の汎用性は広く、ビジネスはもちろん、人間関係にも応用できます。

もしかしたら付き合いたての彼女が欲しいのは、豪華なディナーではなく、あなたからの「君といると楽しい」のひと言かもしれません。

名言の中に含まれる本質や、本質に近いエッセンスをたくさん持っておくことは、本質読解の勘を養うことにつながるのです。

一を聞いて十を知ることができる人は、このようなシンプルで普遍的かつ汎用性の高いキーワードやキーフレーズを「理解の箱」としてたくさん備えています。

たくさん備えているからこそ、本質を見抜く目が養われていくのです。

名言のほかにも、四字熟語やことわざ、詩や童話、風雪に耐えて読み継がれている古今東西のさまざまな名著や、今の時代に活躍する方々の著書などにも、汎用性の高い名言――本質を含む情報――が含まれているものが多くあります。

普段からそれらに触れて、「本質」という理解の箱を増やしていきましょう。

接続詞直後の文章に注目せよ

キーワードをチェックする際は、そのキーワードがどういう文脈・論理の中で使われているかを見ていくことも大事です。

【つまり／要するに／したがって／だから】

これらは、結論やまとめへと導いていく接続詞群です。

これらの接続詞の直後に出てくるキーワードは、その文章の中で重要な意味を持っている可能性があります。

> **要するに**、人生を変えたいなら、口に入れる食べ物を変える必要があるのです。

「要するに」という接続詞は、話を簡潔にまとめたり、結論を導き出したりするために用いられる接続詞です。

「要するに」に続く文章「口に入れる食べ物を変える必要がある」は、書き手にとって重要な主張と受け取ることができます。

このように、「結論やまとめ」へと続く接続詞に注意を払うことによって、その話・文章の核心をつかみやすくなるのです。

【しかし／だが／ところが】

これらは、前述内容からの逆転や反転を示す逆接の接続詞群です。逆接の接続詞の直後には、話のクライマックス、あるいは、書き手の意見や主張が含まれているケースが多いです。

しかし、彼は奥田さんの助言に耳を傾けず、必要なトレーニングを怠った。それが転落人生のスタートだった。

逆接の接続詞「しかし」の直後に「助言に耳を傾けず」「必要なトレーニングを怠った」という印象的な言葉が登場し、さらには「転落人生のスタート」というインパクトのある言葉でまとめられています。

読む人・聞く人は、このキーワードに注目することで、話の重要な変化点を見落とさずに済みます。

接続詞は本質をつかむ上で、とても重要なキーワードと言えるでしょう。

「ファクト」を見る目で本質をつかむ

「ファクト」と「個人の意見」を分けて扱う

読解で陥りがちな罠のひとつが「ファクトの抜け落ち」です。

ファクトとは「客観的な事実」を意味する言葉で、個人の価値観や感情に左右されやすい「個人の意見」とは分けて考えられています。

物事を正しく理解するためには、まず「ファクト」と「個人の意見」を分けて扱う必要があります。

ファクトの多くは数字で示すことができます。

たとえば、カラオケの採点機能の点数は、歌の「上手・ヘタ」を判断するうえで有効なファクトになり得ます。

音程、抑揚、ビブラート、ロングトーンなどの技術的な要素が基準に達していれば、高得点が出るわけです。

一方で、「私は、この人の歌が好き」という認識については、カラオケの得点とイコールとは限りません。

点数が低くても「この人の歌が心に響いて好きだ」と感じることもあるのです。

これは、ファクトではなく「個人の意見」です。

このように、「ファクト」と「個人の意見」はどちらが大事ということではなく、まったく次元の違うものだということを知っておく必要があります。

ビジネスシーンでは、とくに「ファクト」が重視されます。

逆に、「私は○○だと思う」「△△さんの意見は常に正しい」のように、（根拠やファクトなく）個人の意見に依存しすぎている人は注意が必要です。

たとえば、あなたがレストランチェーン店のエリアマネージャーで、新しくオープンした店舗Aに視察に行ったとしましょう。

以下は、あなたが視察現場で収集したデータです。

【オープンから1カ月が経過した店舗A】
・木下店長は「好調ですのでご安心ください」と自信満々に話す
・お昼時、席が半分ほど埋まっていた
・売上を確認したところ、オープン後2週間の売上が300万円、直近の2週間の売上が180万円

もしも木下店長の言葉を鵜呑みにするなら、「好調で問題なし」という視察報告文を書くことになるでしょう。

しかし、これは「個人の意見」に寄りすぎた読解です。

事実、1カ月間を前後半に分けた際、後半の売上は、前半の2／3以下に下降しています。

しかも、視察当日は、かきいれ時の時間帯に席が半分しか埋まっていませんでした（これは「たまたま」の要素も残るため、ファクトとしては弱めですが）。

「売上」のファクトを見る限り、「もしかすると、好調だったのはオープン直後の一過性のものだった可能性がある」という結論も除外できず、懸念点が存在することは間違いありません。

その点を報告しなければ、正しい視察ができたとは言い難い状況です。

一方で、以下のような点も併せてチェックできていれば、より適切にファクトを押さえていると言えるでしょう。

・1カ月間の売上の推移
・1日の来店人数
・お客様1人あたりの平均飲食額（客単価）
・座席の回転数
・お客様のリピート率
・お客様の満足度

さらに言えば、似た環境＆店舗規模の他店との比較なども行なうことで、より鮮明な事実が浮かび上がってきます。

このようにファクトを基に深く分析することで、感情や思い込みに惑わされずに、物事の本質を読み解く力が磨かれます。

ファクトに基づく考察や分析は、本質的な課題や機会を明らかにし、より賢明な意思決定を行なう際に不可欠です。

もちろん、ファクトがいつでも「絶対」というわけではありませんが、物事を読み解くうえでも、本質に迫るうえでも、重要な指標であることは間違いありません。

数字を正しく読み解く

前項からの流れで「数字」の話をします。

ビジネスシーンでは、多くの場合、数字を読み解く力が求められます。

数字を正しく読み解くことで、正しい評価や判断が可能となるからです。

たとえば「売上」の数字だけ見ていれば安心かと言えば、そんなことはありません。

【図表03】数字は多面的・複合的に見る

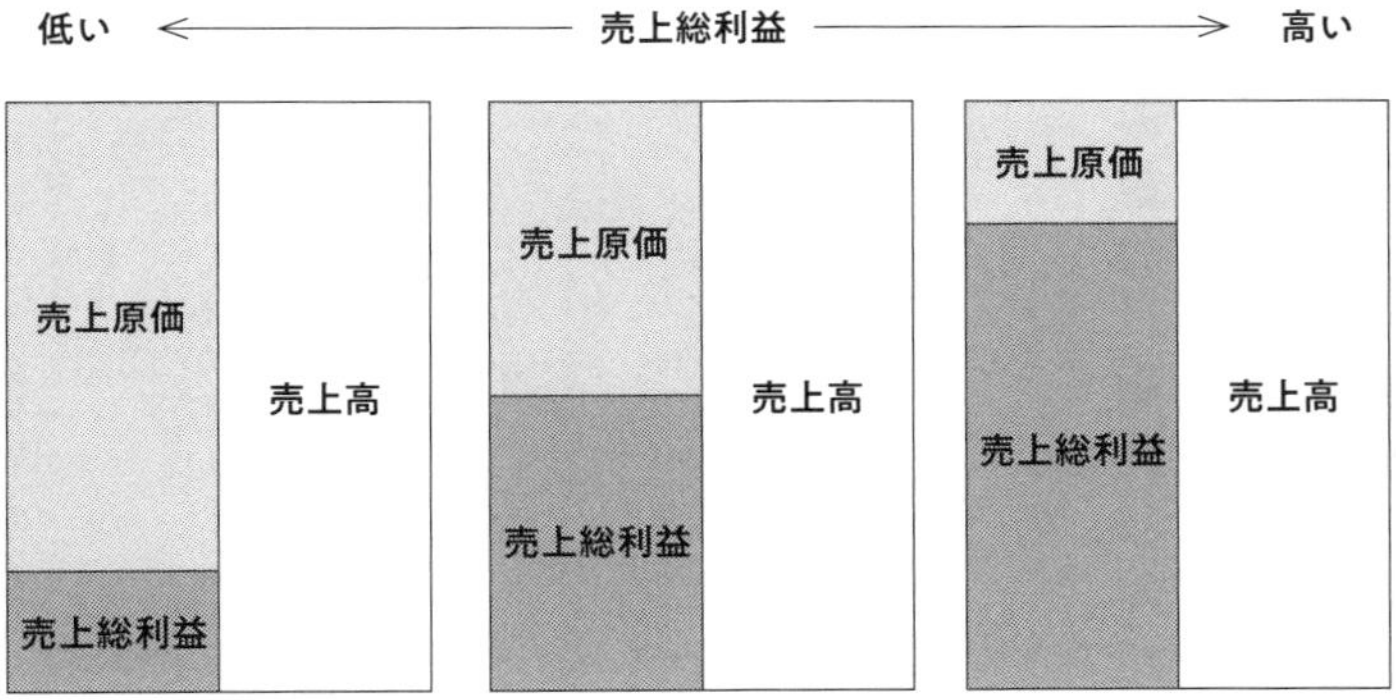

食材が高騰し「売上原価」が高くついた結果、売上総利益が低下しているとしたら、いくら売上が高くても評価できません。

数字というのは、ファクトには違いありませんが、多面的・複合的に見ていかなければ、その本質を見落とすリスクも秘めているのです。

「お客様満足度95％！」

こんな数字を見れば、「おっ、スゴイ！」と思うのが人間です。

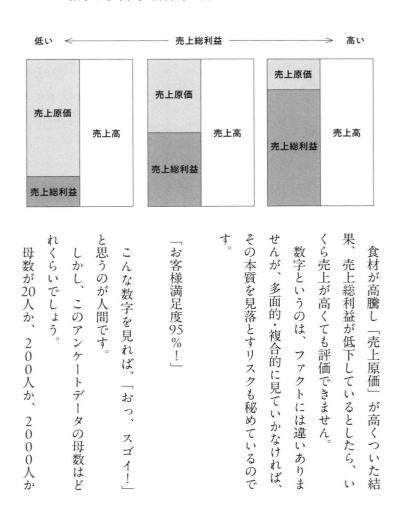

しかし、このアンケートデータの母数はどれくらいでしょう。

母数が20人か、200人か、2000人かで、それぞれ見えてくる世界が異なります。

また、アンケートの取り方が作為的で、「満足」や「大満足」にチェックを入れやすい仕組みになっているかもしれません。

数字というのはファクトである一方で、都合よく使うこともできてしまうものです。

そのことを理解していると、数字に触れる際に、「この数字はどうやって算出されたのか？」「もう少し多角的に見たらどうなるか？」「つくられた数字という可能性はないか？」——という見方をしていくことができます。

数字を鵜呑みにするのではなく、その数字にまつわる情報を適切に読み解きながら、その数字の正確性や信憑性を判断しましょう。

数字の裏側を見通す力は、取りも直さず、本質を見通す力と言えます。

事実の積み重ねは事実なのか？

事実①：サトシは運動が嫌いだ。

事実②：昨日、サトシは運動会を休んだ。

この2つの事実があったときに、サトシの友人のシンイチが「サトシは運動したくないから、昨日の運動会を休んだ」と言ったとしましょう。

このシンイチの発言は正しいのでしょうか？　答えはノーです。

たしかに、事実①と②を見たときに、「サトシは運動したくないから【原因】、昨日の運動会を休んだ【結果】」という可能性もゼロではありません。

しかし、それはあくまでも推測・想像の話であって、事実と言い切れるものではありません。

もしかしたら、サトシは運動会当日にたまたま風邪をひいたり、身内に不幸があったりしたのかもしれません。

マスコミやSNS、企業のPRなど、多くのメディアが、あらゆる事実や資料を示して、自説や持論の説得力を高めようとしていますが、事実から推論できるからと言って、それもまた事実であるとは限りません。

一見、事実のように書かれていても、単に推測や臆測、一意見にすぎないことも多いのです。

このような言葉のマジックを見破ることも、読解力が果たす大きな役割です。読み解き損ねた理解から導き出される「本質」は、もしかしたら、ハリボテのような見かけ倒しの本質、陽炎《かげろう》のような実態のない本質かもしれません。

日本の失業率は、187カ国中168位に位置しています。また、普通離婚率（人口1000人あたりの、1年間の離婚件数）は1・5。先進国のアメリカ2・3、韓国2・0などと比べてもさほど高い割合ではありません。このように、世界的に見て日本は「豊かな国」だと言えるでしょう。

この文章を読んで納得した人は、少し危険です。

失業率と普通離婚率の低さを根拠に「豊かな国」と言い切ることはできません。

そもそも、「豊かさ」の定義とはなんでしょう？

定義を示さず、「日本は豊かな国である」と書いても納得できません。

さらに言えば、普通離婚率が低いことは「いいこと」なのでしょうか？

もし、貧困のために離婚できずに苦しんでいる人がたくさんいたとしたら？

右記の文章は、事実を積み上げて立派にまとめ上げたように見えますが、その実は「綻びだらけの文章」とも言えるのです。

意見や主張をする人は、（当たり前ですが）そのことについてもっともらしく語ります。

だからこそ、何が事実で何が事実でないかを見極める目を持つ必要があるのです。

個人の臆測や根拠の薄い意見を漫然と受け取ることは、誤った情報や歪んだ情報を自分に取り入れてしまうことにほかなりません（脳内ネットワークにおかしな「理解の箱」が格納されることになります）。

一つひとつの情報を精査するスキルも、読解力の一部と心得ておきましょう。

第4章

「細かい関係性」を理解する【表層読解】

表層読解とは何か

大問題！「ちゃんと聞かない人・読まない人」が急増中

話をちゃんと聞かない人や、文面をちゃんと読まない人が急増しています。

「どこをどうしたら、この文章をここまで（おかしな方向に）読み解くことができるの？」と驚くことも少なくありません。

当の本人は、情報を正しく読み解けていないことに気づいていないケースも少なくありません。

このような傾向は、読書量やコミュニケーション量の低下、さらには、動画主体の受動的インプットの偏重、スマホの長時間使用によって引き起こされる「スマホ脳（注意散漫、集中力の低下、記憶力の減退など）」の問題とも無関係ではありません。

現代人は、日々すさまじい量の情報に接してはいるものの、それらの情報は猛スピードで私たちの目の前を通り過ぎていきます。

これでは、ひとつのテーマについてじっくり思考する暇などありません。

気軽に楽しめるショート動画がその象徴です。

次々に流れてくる動画を見ている間、多くの人が思考を停止させています。

〈なんとなく〉それを見ているだけ、という状態です。

ＭＭ総研によると、２０２４年1月時点における1週間のスマホ平均利用時間は１２１５分（約20時間）。約5年で6割ほど増加したとのこと。

1日のうち3時間弱をスマホに奪われているのです。

怖いのは、思考する機会が減れば減るほど、「ああ、こういうことね」と短絡的に決めつけたり、「どうせこういうことでしょ」と、都合よく情報を解釈したりするケースが増えることです。

思考していないため、情報のつながりを論理的に見ていく力や、論理を支える証拠や根拠を分析する力なども、当然落ちていきます。

情報を鵜呑みにすることで理解した気になっている人もいます。


表層読解とは、話の内容を正確に把握する読解のことです。

大事なのは〈そこに何が書かれているか〉であり、それが、行間や背景などの言外情報の読み解きを必要とする本質読解や深層読解と異なる点です。

内容を正確に把握するためには、文章であれ会話であれ、まずは、そこに何が書かれているか（どんな言葉が発せられたか）、適切に判断できなければいけません。

表層読解では、言葉を理解し、文を理解し、そのつながりを理解していきます。

その際、なんとなくの感覚や、主観を用いて読み解いてはいけません。


ところが、この表層読解を苦手にしている人が少なくありません。

今では仕事の場面でも、なんとなくの感覚で、主観という色眼鏡を堂々と使って、読み解く人が増えているのです。

それが前述した「話をちゃんと聞かない」「文章をちゃんと読まない」などの症状です。

「外注するといいかもしれません」は、「外注しなさい」という命令ではありませんし、ましてや「あなたひとりに任せてはいられない」という批判でもありません。

しかし、読解力が低い人は、勝手に「○○さんが、外注しろ、と言った」「○○さんが自分のことを批判した」と誤読してしまうのです。

同じように、「プレゼン資料、だいぶ良くなってきたね」は、「この完成度でOK」という意味ではありません。

たしかに、文脈や行間次第では、言葉を額面通りに受け取るべきでないケースもあります（第5章でお伝えします）。しかし、文脈や行間をていねいに読み解いたうえで導き出した解釈と、自分勝手な思い込みによる解釈は、似て非なるものです。

残念ながら、昨今は言葉の意味を無視し、自己流の解釈をする人が増えています。

「話をちゃんと聞くこと」「文章をちゃんと読むこと」は、読解において重要なファーストステップです。

本章では、話をちゃんと聞く能力、文章をちゃんと読む能力を伸ばすことを目的に、言語情報を正しく読み解く方法（＝表層読解）についてお伝えします。

まず全体を「俯瞰」する

「表層読解」と「俯瞰する力」は補完関係

表層読解とは、前述したように、話の内容を正確に把握する読解のことです。内容を正確に把握するために、言葉を理解し、文を理解し、そのつながりを理解していきます。

ただ、いきなり表層読解を始めると、木を見て森を見ず——視野が狭まって、物事の全体像を見失ってしまうことがあります。

そんな状態に陥らないために、表層読解と並行して発揮したいのが、「俯瞰する力」です。

俯瞰とは、高い位置から全体を見渡すこと。上から広く見渡す視点を持つことで、物事の全体像——構造や関係性など——を把握することができます。

部分的・断片的な情報の拡大バージョンが「全体像」とは限りません。

部分では「悪」に見えていたものが、俯瞰では「善」に見えることや、部分では「A」と見えていたものが、俯瞰では「Z」に見えることもしばしばあります。

真にその対象について理解したいのであれば、部分的な情報ばかりにとらわれず、全体の流れや背景を把握する必要があるのです。

たとえば、自己啓発書で「成功の秘訣は習慣にある」という主張がある場合、俯瞰する力がある人は、「早起き」や「目標設定」といった具体例が、全体のテーマである「習慣化」の一部であることを理解できます。

同様に、心理学の本を読む際、「ビリーフ」「シャドー」「トラウマ」といった概念が独立した話題ではなく、「自他を問わず人間理解に役立つ要素」であると理解できるでしょう。

もっと言えば、さらに俯瞰する力を発揮すれば、それらが仕事で成果を出したり、人間関係を良好にしたりする際に有効である――という観点を持つこともできます。

さらに、俯瞰的に読み解くことで、伝え手の意見や考えに偏りや抜けがあることにも気づきやすくなります。

たとえば、新しいビジネスモデルを提案する本が、経済的メリットばかりを強調し、環境への影響を無視している場合、その不均衡を指摘することが可能です。

このように、俯瞰する力は、物事の全体理解を深めると同時に、表層読解で陥りやすい穴を塞ぐセキュリティシステムの役割をも果たしてくれるのです。


このように、表層読解と俯瞰する力は補完関係にあります。

たとえば、昨今の社会動向（の全体像）をつかみたいと思っても、社会でどのような動きやニュース、トレンドが存在するのか、個別の事案を解像度高く把握していなければ、真に社会動向をつかむことは難しいでしょう。

俯瞰することとは、表層に浮かぶ島々を結びつけて考えることにほかなりません。

個別の島々を正しく読み解いていれば、視点を上空に飛ばしたときの理解がより広く深いものになるのです。

「要約」で俯瞰力をチェック

俯瞰する力が必要とされる場面のひとつに、「情報の要約」があります。

以下の文章をお読みください。

バランスの取れた食事は、からだに必要な栄養素を供給し、免疫力を高めてくれます。とくに、ミネラルとビタミンについては積極的に摂取することをおすすめします。

また、適度な運動は、体力を向上させ、ストレスを軽減する効果があります。週に3時間の運動時間を確保できていれば問題ありません。

さらに、十分な睡眠は、からだの回復を促し、メンタルも整えてくれます。単純に睡眠時間を増やすのではなく、眠りの質にもこだわる必要があります。

では、この文章（約200文字）を、40文字程度に要約してみましょう。

以下は要約の一例です。

心身の健康を保つためには、バランスの取れた食事、適度な運動、十分な睡眠が必要です。

これくらいの要約ができれば及第点です。

どんな人でもいきなり要約することはできません。表層の情報を適切に読み解いたうえで可能となるのが要約だからです。

要約することを決めた時点で、おのずとその話に対する観察力が増し、言葉の意味や、言葉と言葉のつながりなどを、論理的に読み解き始めます。

要約への意識を最大化する魔法の方法が、「『死んでもこれだけは言っておく』としたら何を言う?」と自分に質問してみることです。

すると、「装飾（具体）」から意識が離れて、「要点」に意識が向かうようになります。

もう少し技術的に解説すると、先ほどの文章のテーマは「健康」であり、その健康に必要な3要素が「食事」「運動」「睡眠」であるという構造です。

では、俯瞰する力を高めるにはどうしたらいいでしょうか? 普段から以下の4つを

【図表04】要約で文章を構造的に俯瞰する

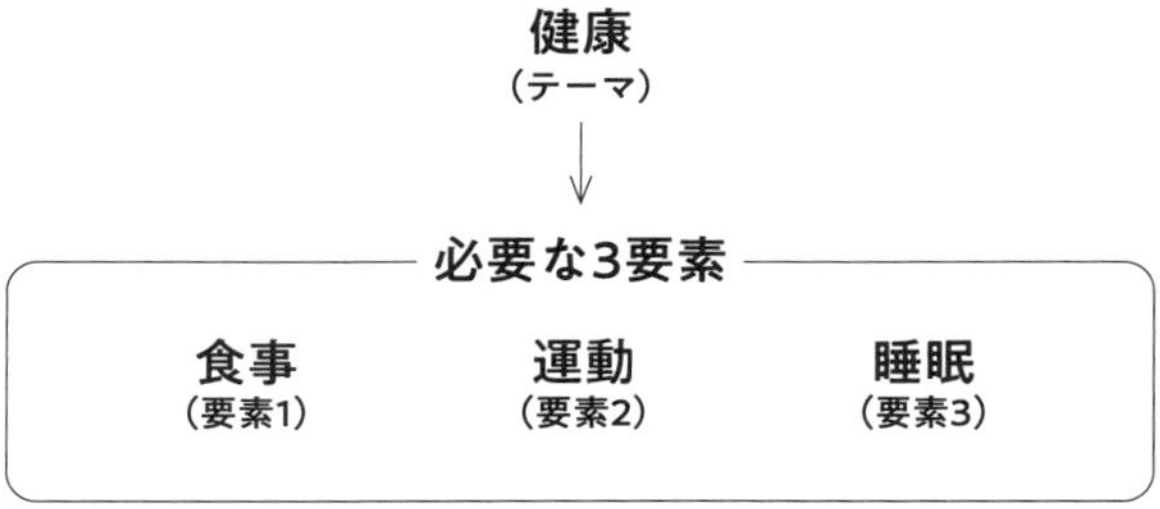

意識しましょう。

①タイトルをつける：普段から目の前の状況や、自分の気持ちや考えを「タイトル風」に語る

タイトルをつけると決めるだけで、表層情報への観察力と、「死んでもこれだけは言っておく」への意識が強まり、内容のポイントが絞り込まれていきます。

タイトル例1：赤羽にある花魁《おいらん》ラーメンは、自家製の太麺と魚介系スープが絶妙のバランス。中毒性がヘビー級！

タイトル例2：10年ぶりに旧友に再会。増えた白髪に驚く一方、仕草や口癖が変わっていなくて安心する

タイトル例3：楽しい仲間との1泊2日のキャンプ。こ

んなに気持ちが高揚するのは、高校の文化祭以来かもしれない
「タイトルをつける」ことを習慣にすることで、物事や情報のポイントを意識するクセがつき、俯瞰する力の質が高まっていきます。

②図解する：フローチャート、マインドマップ、相関図、マトリックス&座標図など、図解化をする過程で情報を整理し、全体の構造をつかむ

図解化も俯瞰力を磨くトレーニングになります。

なぜなら、図解化するためには、情報を整理しなければなりません。

情報整理する際には、全体を見渡しながら、必要な情報、不要な情報を取捨選択、整理統合していきますが、その際に発揮される力こそ、まさに俯瞰力です。

左ページにあるものは、代表的な図解アプローチです。


世の中には、「ビジュアルシンカー」（Visual Thinker）と呼ばれる人がいます。

【図表05】 代表的な図解アプローチ

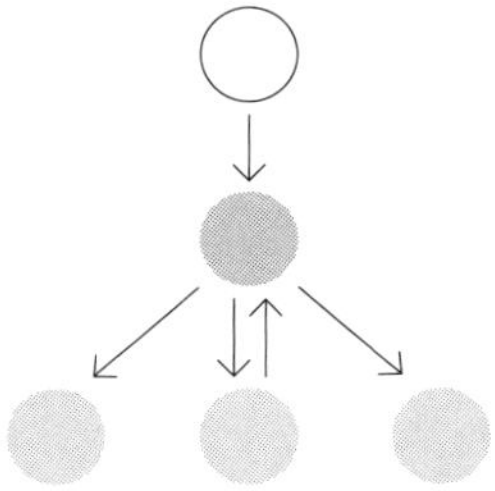

相関図

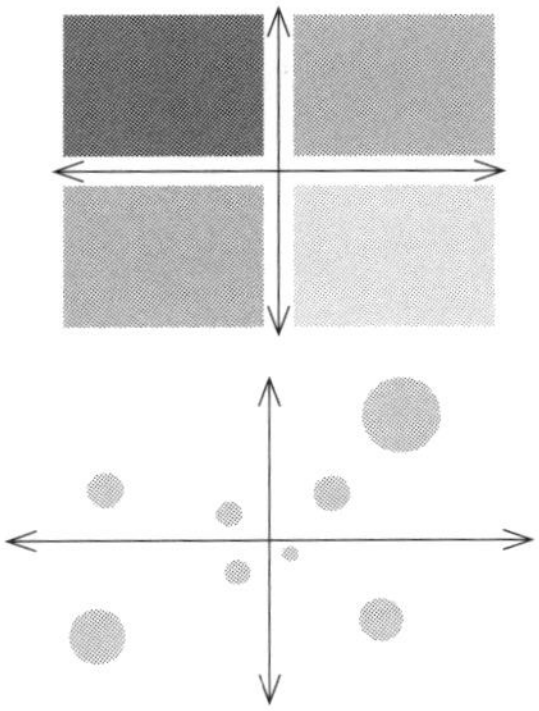

マトリックス＆座標図

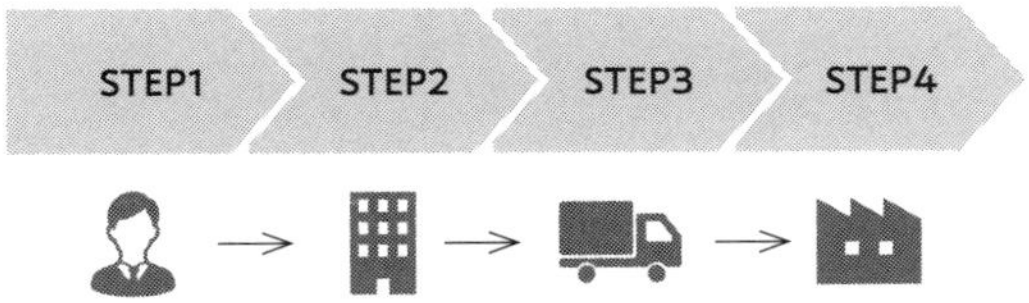

フローチャート

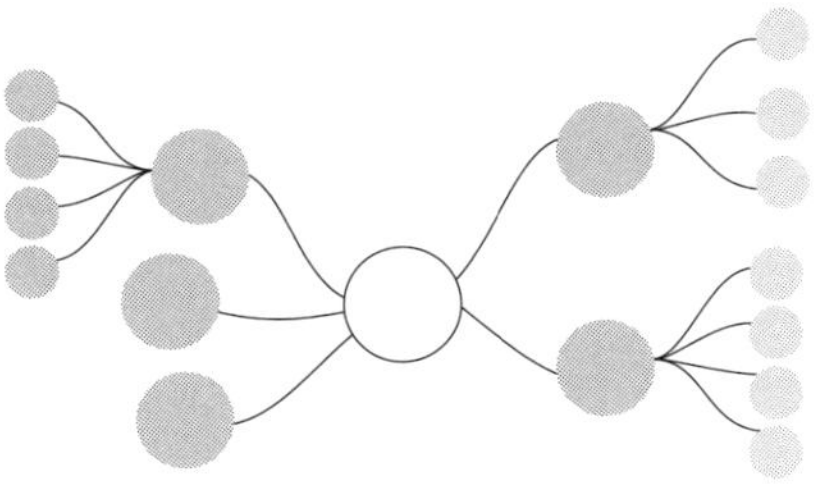

マインドマップ

ビジュアルシンカーとは、情報を視覚的に処理し、理解することを得意とする人のこと。このタイプの思考者は、文字や数字よりも、画像、図表、マインドマップ、その他の視覚的なツールを使って思考・学習・記憶し、アイデアを表現することを好みます。

ビジュアルシンカーにとって、図解は、情報を整理し、複雑な概念を理解し、関連づける手助けとなるのです。あなたがビジュアルシンカーなら、図解を活用しましょう。

自分が情報を読み解くためのものなので、凝った図解にする必要はありません。なぐり書きのようなものでも、デフォルメが激しいものでもＯＫ。簡易的な図解から書き始めてみましょう。

なお、図解以外にも、グラフや表にまとめるアプローチもおすすめです。

③多角的に眺める：ひとつの事柄を、さまざまな視点から眺めてみる

たとえば、ホテルを評価する際、さまざまな視点から評価することで、そのホテルの真の評価が見えてきます。以下は評価ポイントの一例です。

施設の新しさ／立地（アクセス）／お部屋の雰囲気／設備の機能性／ベッドの寝心地／スタッフのホスピタリティ／食事のおいしさや豪華さ／サービスとしての付加価値（例：クリーニングサービスやフィットネスジム、大浴場など）／価格／ポイント還元／チェックイン・アウトの簡便性／セキュリティ／Ｗｉ－Ｆｉ環境

物事を多角的に見るためには、物事を俯瞰できていなければいけません。

俯瞰するとは、ドローンを飛ばして屋上から建物を眺めたり、建物の裏側に回り込んだりするようなものです。

地面に這いつくばっている「虫の目」だけでは、一元的なものの見方しかできません。ひとつのテーマについて、多種多様な視点を洗い出すことは、ドローンの目を手に入れるトレーニングにほかなりません。

④相手目線で考える：相手から自分がどう見えているのか考えてみる

自分は人からどう見えているか？　そう考えることで、視点が自分から外れます。

それをくり返すうちに、自分を客観視する力（＝俯瞰する力）が養われていきます。

・お客様からどう見えているか？
・参加者からどう見えているか？
・上司・部下からどう見えているか？

売れている芸能人ほど、常にカメラの向こうから自分がどう見えるかを意識して、装いやふるまい、言動などをマネジメントしていると言います。

他者の視点を手にする機会を増やすことで、俯瞰する力が磨かれていきます。

普段から①〜④を実践することで、自分の視座が少しずつ高まっていきます。

「表層読解」と「俯瞰する力」はふたつでひとつ、セットのようなものです。

表層を読み解いたら、一度俯瞰してチェック。俯瞰の読み解きに自信を持てないときは表層に戻って細部をチェック。このように、常に意識を行き来させることによって、その対象のことを深く正しく理解できるようになるのです。

「幹」「枝」「葉」を把握する

「幹→枝→葉」の順番に理解する

ここから「表層読解」について具体的に見ていきたいと思います。

表層読解をしていく上で重要なのは、物事や情報の構造を把握することです。

そして、特に意識してほしいのは「幹・枝・葉」のフレームワークです。理解しやすい説明や話ほど、木で言うところの「幹・枝・葉」で構成されています。

・**幹**：全体
・**枝**：少し詳細

・**葉**：かなり詳細

物事を読解するときは、事前に「全体（幹）」を把握することによって、「詳細（枝葉）」の読み解きが進み、理解が深まりやすくなります。

196ページで、「装飾」ではなく「要点」をつかむ重要性についてお伝えしましたが、「幹→枝→葉」の「幹」を把握することは、まさしく「要点」をつかむことにほかなりません。

「幹」が「要点（メイン）」で、「枝」が「要点（サブ）」、「葉」が「装飾（具体）」というイメージです。

たとえば、ビジネスパーソンであるあなたが「ビジネス書を出版したい」と思ったとしましょう。

しかし、何の知識もなければ、おそらく何からどう手をつけていいかわからないはずです。

その状態から脱するためには、まずは出版についての「幹」を把握する必要があります。

この場合の「幹」は、「ビジネス書の出版プロセス（全体像）」です。

ステップ1：出版企画書を作る
ステップ2：企画書を出版社の編集者に見せる
ステップ3：出版社内の編集会議にかけてもらう
ステップ4：原稿を執筆する
ステップ5：何度か校正をする
ステップ6：本が書店に並ぶ

俯瞰して出版の流れを一望する。

このとき見えた全体像こそが「幹」です。

幹は、ときに「本質」と重なることもあります。

全体に対して大きな影響を及ぼす存在（情報）だからです。

この幹を把握することで、あなたは、少なくとも「よくわからない」という状態からは抜け出すことができます。

では、「枝」と「葉」は何でしょう？

「枝」が、ステップ1～6の一つひとつで、「葉」が各ステップの具体的な内容です。

以下は「ステップ1：出版企画書を作る」という「枝」に含まれる「葉」です。

1－1：出版企画書のフォーマットを手に入れる

1－2：出版企画書を書くための情報を洗い出す

1－3：出版企画書を書く

1－4：出版企画書内の言葉を磨き上げる

くり返しになりますが、大事なのは、「幹→枝→葉」の順に理解することです。

あなたが誰かにいきなり「ビジネス書を出版したいなら、出版企画書を書くための情報を洗い出すといいですよ」と言われても、「んっ？　出版企画書を書くってどういうこと？　書くのは本の原稿ではないの？」と首を傾げてしまうかもしれません。

【図表06】幹→枝→葉の順で理解する

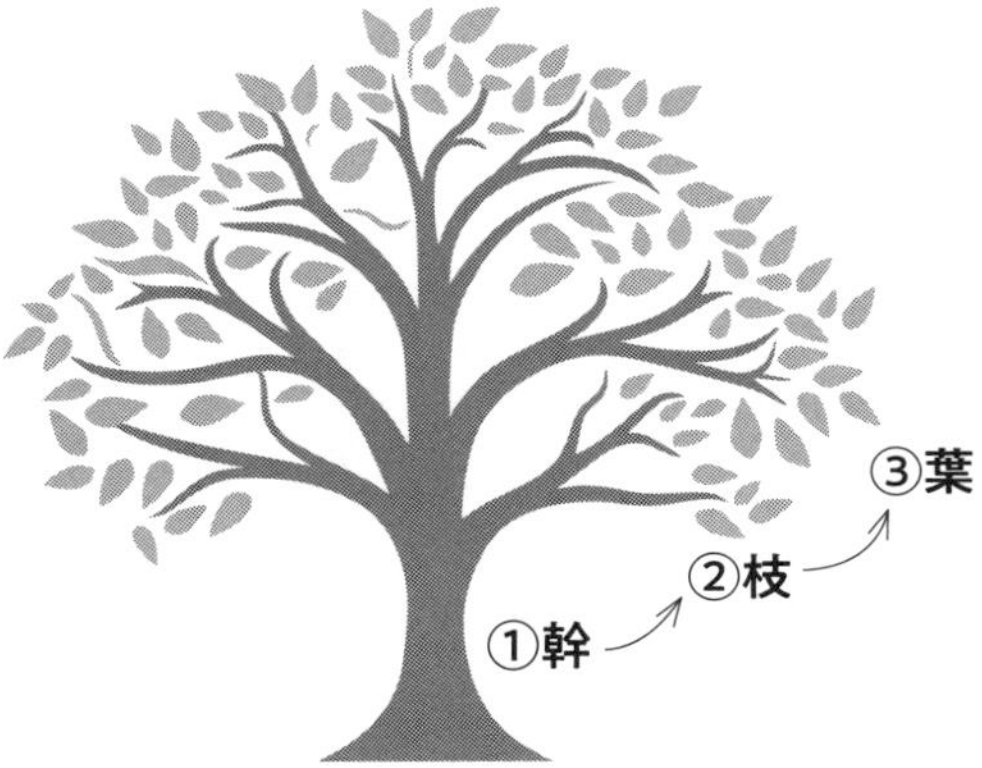

しかし、「幹」や「枝」が見えていれば、その必要性をサッと理解できるはずです。

もし、あなたが物事の読解に手間取りやすいとしたら、それは「幹↓枝↓葉」の順で理解する意識に欠けているからかもしれません。

「一を聞いて十を知る」の実践者というのは、「幹」や「枝」の把握ができている人のことを言うのです。

全体が見えている状態ゆえ、細かい「葉」の話が出てきても、それが全体のどこに位置し、全体において何を意味するのか、どんな価値があるのかがパッとわかるのです。

いつでも「幹→枝→葉」の順で物事を読み解くクセをつけていきましょう。

読解に迷った際は、「この話の幹は何だっけ？」と原点に立ち戻ることをおすすめします。

「タイトル（題名）」に目を通す

ここでは、話の幹や枝をサクッとつかむ方法をいくつかご紹介します。

まずは、タイトル（題名）です。

タイトルは、多くの場合、その内容を包括する「幹」です。

したがって、その話や文章に「タイトル（題名）」がついているときは、必ず事前にそのタイトルをチェックしましょう。

たとえば、タイトルが『日本アスリート史』という書籍の中に〈海外のアスリート史〉や〈日本の教育制度〉〈日本特有の島国メンタル〉などの話題が登場した場合、それらは「日本アスリート史」というテーマを語るうえで必要な比較や背景なのだろう、と考える必要があります。

タイトルが『ＡＩと共生する人間の未来』と『ＡＩと敵対する人間の未来』では、（当たり前ですが）話が進む方向がまったく異なります。

事前にタイトルに目を通しておくことは、話が進む方向を確かめることであり、その結果、安心して続きの文章（本文）と向き合うことができるのです。

仕事の場面も例外ではありません。

たとえば、提案書に銘打たれたタイトルが「売上倍増のキャンペーン施策」なのか、「知名度向上のメディア戦略」なのかで、提案書内で展開される話の方向性は大きく異なります。

また、同じ「売上倍増のキャンペーン施策」であっても、副タイトルに「ＳＮＳ活用編」と書かれている場合と、「マスメディア活用編」と書かれている場合でも、その続きで語られる詳細（枝葉）は異なるでしょう。

常にタイトルという「幹」を意識することで、読解迷子にならず、より深く内容を読み解いていくことができるのです。

「あらすじ」「目次」「見出し」に目を通す

物語などであれば、「あらすじ」も話の「幹」と考えていいでしょう。

小説を読み始めたけれど、話が入り組んでいて難しいと感じたら、その小説の「あらすじ」に目を通しましょう。

「あらすじ」には、物語の大筋のほか、「主人公のミサキは、親友リクに10年ぶりに再会し～」のように、登場人物の相関関係が示されていることもあります。

これにより、物語への理解が深まり、スムーズな読解が可能になります。

映画なども同じです。トレーラー（予告映像）やダイジェスト動画、テキスト化された「あらすじ」に目を通しておくだけで、物語の概要をつかみやすくなります。

それでも不安な人は、すでにその作品を見た人が書いたレビューやストーリー要約、作品解説などに目を通してもいいでしょう。

もっとも、ネタバレ情報など、あまりに詳細な情報を知りすぎてしまうと、純粋に作品を味わえなくなってしまうこともあるので注意が必要です。

なお、「目次」や「見出し」がついているものは、必ずそれらに目を通し、何が書かれているのか、その全体像を把握しておきましょう。

目次に書かれている項目は、おそらく、本編では「見出し」という形で登場します。

この「見出し」は、「幹・枝・葉」の「枝」にあたるものです。

本書も例外ではありません。

たとえば、あなたが今読んでいるこの項目の小見出し――「あらすじ」「目次」「見出し」に目を通す――は「枝」であり、それらの集合した「目次」ページは、本書の全体像ですので「幹」と言っていいでしょう。

くり返しになりますが、「幹や枝」に目を通しておくだけで、詳細情報の「葉」を読み解く精度とスピードが大幅に向上します。

くり返し登場する「メッセージ」や「キーワード」に注目する

あなたも、大事なことを伝えるときに「念を押す」ことがあるでしょう。

それと同じように、話や文章では、伝え手が大切にしているメッセージが、表現を変えながらくり返し登場します。

それらは、紛れもなくその対象の「幹」か「枝」と見ていいでしょう。

もしかすると本質の可能性もあります。

たとえば、「子育てのゴールは自立です」という意見をつづった文章の場合、エピソードや具体例を挟みつつ、文中に類似の表現が何度か登場します。

①親の最大の役割は、子どもが自力で生きる力を身につけるために見守ることです
②このように、自学自習によって、子どもの自立心は育まれていきます
③親が子どもの人生のレールを敷いてしまうと、子どもの「自分で考える力」や「判断する力」が損なわれていきます
④子どもの自立を阻むのは、親による「余計なおせっかい」なのです

①と②はポジティブ方向の言い換えで、③と④はネガティブ方向の言い換えです。

このように、表現のアプローチや方法に工夫を凝らすことで、「子育てのゴールは自立です」というメッセージが立体的に浮かび上がり、その結果、聞き手や読み手の理解

が深まっていくのです。

ほかにも、「自立」がテーマであれば、「巣立ち」「自活」「独り立ち」「脱皮」など、「自立」の類義語や関連語が登場することもあります。

話のテーマに直結する「メッセージ」や「キーワード」に注目することによって、筆者の意図や意見をより鮮明な状態で受け取ることができます。

くり返し語られていることは、「本質」への入口であることも少なくありません。「くり返し」に対する感度を高めていきましょう。

文章の構成パターンを見抜く

文章の構成パターンを把握しておくことも、読解における大きなアドバンテージです。

なぜなら、全体の流れが見えているため、「今◯◯について話しているから、この先、△△へと話が向かっていくのだろう」とアタリをつけることができるからです。

少し言い方を変えるなら「構成パターン」自体が、その話を俯瞰した状態とも言え、読解時に迷子にならないための地図のような役割を担っているのです。

構成パターンのすべてが「幹→枝→葉」の流れになっているわけではありませんが、だからといって、「幹・枝・葉」の区分けがされていないわけではありません。

伝え手が、目的や得られる効果に応じて「幹・枝・葉」の並び順に変化をつけているのです。

そのあたりの感覚も、ここでつかんでいきましょう。

①序論↓本論↓結論

「序論↓本論↓結論」の構成は、論文やエッセイでよく用いられます。

序論でトピックを打ち出し［幹］、本論で意見や証拠の提示、詳細な分析などを行ない［枝・葉］、結論で総括します［幹］。

この流れにより、論理的に内容を伝えることができます。

【序論】健康的な食生活は、健康維持と心身のエネルギー循環に大きな影響を与えます。とくに、朝食をとることの重要性は、多くの研究でも示されています。

【本論】朝食をとることによって、一日の始まりに必要な栄養とエネルギーを補給することができます。また、栄養バランスの取れた朝食は、からだの代謝を促し、太らない体質づくりにも貢献します。さらに、集中力や行動力を含め、午前中のパフォーマンス向上にも一役買います。

【結論】 一日を健康的に過ごすためにも、また、長期的に健康を維持するためにも、毎日、栄養バランスの取れた朝食をとりましょう。

読解時にチェックすべきは、それぞれのパートで話される内容の大枠をつかんでおくことです。各パートの大枠は以下の通りです。

・**序論**：話題の導入（背景などが示されることも）
・**本論**：主要な意見や証拠の提示、詳細な分析など
・**結論**：全体の要約、あるいは筆者の結論（重要なメッセージなど）や結果の提示

「序論→本論→結論」の流れと、各パートで示される内容を押さえておくことによって、読者は、情報を整理しながら読解を進めていくことができます。

②結論→理由（根拠）→具体例（詳細）→まとめ

「結論→理由（根拠）→具体例（詳細）→まとめ」の構成は、仕事で使う文章や評論などによく用いられます。

序盤で結論［幹］と理由（根拠）［枝］をセットで伝えてから、結論に関する具体例（詳細）を示し［葉］、最後にまとめるという流れ［幹］。結論を深掘りしていくパターンです。

【結論】私たちのチームAは、プロジェクト管理ツールの変更を提案します。現在の「ＫＵＲＡ」から「ぷろたく」へ移行する形です。

【理由（根拠）】ご存じの通り、「ＫＵＲＡ」の改悪アップデートにより、現在、各チームの進捗がリアルタイムで把握できない状態が続いています。それによりチーム間の連携ミスも増えています。最新版の「ぷろたく」であれば、タスクの自動表示機能が備わっているため、各チームの進捗状況をリアルタイムで確認することができます。

【具体例（詳細）】「ぷろたく」への移行により、チーム間の連携ミスを防げるほか、在庫確認と商品発注のタイムラグを防ぐこともできます。また、各チームの企画案を一元管理することにより、商品企画のかぶり問題も解決へと導けます。現在、「KURA」により仕事効率が前年比で10％低下していますが、「ぷろたく」導入後はこの数値が改善され、前年比20％アップへとシフトさせることができます。

【まとめ】まずは、チームAとB限定で10月からの3カ月間、「ぷろたく」を試験的に導入し、使い勝手やメリットをチェックします。試験期間終了後に改めてご報告いたします。

各パートの大枠は以下の通りです。

- **結論**：最重要メッセージ
- **理由（根拠）**：最重要メッセージを支える理由・根拠
- **具体例（詳細）**：最重要メッセージの詳細や具体例
- **まとめ**：最重要メッセージの念押しや、今後の行動、予測、展望など冒頭で「結論」が示された場合は、その後、「理由（根拠）→具体例（詳細）→まとめ」の順で情報が示されていくだろう、と予測することができます。

万が一、最後まで理由が示されなかったとしても、それはそれで「この文章は理由が洩《も》れている（それゆえ説得力がない）」という読み解き方ができるかもしれません。

文章構成のパターンを知っておくことは、単に読解するためだけではなく、足りない情報に気づく目を養うことでもあるのです。

もちろん、その洩れた理由を書き手や話し手に質問したり、自分で調べたりすることで、より深い読解へと至ることもできます。

③ビフォー→転機→アフター→未来（教訓）

「ビフォー→転機→アフター→未来（教訓）」の構成は、物事の変化やエピソードを語る文章によく用いられます。

転機の前後で何がどう変化したのか［枝・葉］、そのギャップを楽しんだのち、明るい未来（教訓）で締めます［幹］。

【ビフォー】以前の私は、何をしても英語が上達せず、常に苦手意識を抱えていました。

【転機】28歳のとき「フレーズ音読法」という勉強法に出会ったことで、英語上達のスピードが一気にアップしました。毎日、音声テキストを聞きながら、基本フレーズをくり返し音読することで、自然と口から英語が出るようになっていったのです。やればやるほど英語に対する自信が増していきました。

【アフター】「フレーズ音読法」のおかげで、英語力が飛躍的に伸び、先日は複数の国の人が参加する商品プレゼンテーションにも成功。参加者の質問にもスムーズに対応することができました。

【未来（教訓）】今後も「フレーズ音読法」を実践しながら英語力を磨いていき、いずれ海外へと活躍の場を広げていきたいです。英語力が伸び悩んでいる同僚や部下にも、自信を持って「フレーズ音読法」をおすすめしたいと思います。

- **ビフォー**：（多くの場合）あまり好ましくない状況
- **転機**：好ましくない状況が変化する出来事・きっかけ（ターニングポイント）
- **アフター**：転機によって状況が好転。好ましい状況へとシフト
- **未来（教訓）**：ビフォー・アフターの流れを受けつつ今後の展望／経験から得た教訓

このパターンで特筆すべきポイントは「転機」です。

その転機によって、どうして状況が変化したのか？

転機に含まれる「本質」を把握することで、より正確にエピソードの内容を読み解くことができます。

また、そのエピソードから導き出される気づきや教訓をつづる、最終パートの「未来（教訓）」にも注目しましょう。

伝え手の最重要メッセージとも言える部分です。

なお、エピソードの多くは右肩上がりの、いわゆる「サクセスストーリー」ですが、中には右肩下がりの「失敗談」や「挫折談」などもあります。

笑いを目的とする、いわゆるエピソードトークなどでは、右肩上がりと見せかけて最

後に落とす。あるいは、絶体絶命と思わせておいて最後に上げる。予測とは異なる方向に舵を切るストーリーラインも珍しくありません。

ビフォー・アフターの動きを予測するだけでも、読解の精度は確実に高まっていきます。

④概要→詳細1→詳細2→詳細3

「概要→詳細1→詳細2→詳細3」の構成は、説明文や報告文でよく見かけます。

真っ先に概要を伝えたのち［幹］、毛色の異なる詳細情報が1つずつ登場します［枝・葉］。

多くの場合、詳細のパートは、優先順位が高い順に登場します。

【概要】 エコカーは、化石燃料の使用を抑え、温室効果ガスの排出を減らす役割を担っています。環境への負荷が少なく、持続可能な交通手段として注目を集めています。

【詳細1】エコカーにはおもに電気自動車（ＥＶ）、ハイブリッド車（ＨＶ）、そして水素燃料電池車（ＰＣＶ）などがあります。これらは、従来の内燃機関車と比べ、燃料効率がすこぶる良く、エネルギー消費が少ない点が特徴です。

【詳細2】現在、多くの国の政府が、エコカーの普及を促進するための補助金や税制上の優遇措置を設けています。これにより、消費者はエコカーを購入しやすくなり、実際に普及率が高まっています。

【詳細3】また、将来的に、自動車産業は完全な電動化へと移行することが予想されています。自動車メーカー各社は、２０４０年までに内燃機関車の生産を段階的に減らし、すべての新車を電動化する計画を発表しています。

このパターンでは、各パートの冒頭に「また」「さらに」「くわえて」など、追加を示す接続詞が用いられることもあります。

また、終盤に「なお」や「ちなみに」で情報を補足することもあります。

「情報が積み重なるパターン」とわかっていれば、読解しやすくなるでしょう。

⑤全体像→列挙1→列挙2→列挙3→まとめ

「全体像→列挙1→列挙2→列挙3→まとめ」の構成は、伝え上手な方が話や文章でよく用いるパターンです。

冒頭で「テーマと列挙数」を伝えたのち［幹］、それぞれの列挙ポイントについて説明・紹介が行なわれます［枝・葉］。

【全体像】筋トレで得られる健康面でのメリットは以下の3つです。

【列挙1】1つ目は、骨密度の上昇です。定期的な筋トレは骨を強化し、年齢とともに起こる骨量の減少を防ぐ効果があります。これは、骨粗しょう症のリスクを低減する重要な要素です。

【列挙2】2つ目は、代謝の向上と体重管理です。筋トレを行なうことで筋肉量が増え、基礎代謝率が上がります。これにより、より多くのカロリーを消費しやすくなり、体重管理が容易になります。

【列挙3】3つ目は、心血管疾患のリスクの低減です。筋トレは心臓にも良い影響を与え、血圧を下げる効果があります。定期的なトレーニングは、心臓病や脳卒中のリスクを減少させることが科学的に証明されています。

【まとめ】以上のように、筋トレには、筋肉を大きくするだけでなく、健康面でのさまざまなメリットがあります。健康習慣のひとつとして生活に取り入れてみましょう。

列挙されるポイントは原則並列関係にありますが、伝え手が〈より重要〉と感じているものから順番に登場している、と考えていいでしょう。

また、多くの場合、それぞれの列挙項目の冒頭で、その項目の結論が示されています。

つまり、冒頭が［枝］で、それ以降が［葉］になっているわけです。

構造がとてもシンプルで、読み解きやすいパターンと言えるでしょう。

主語・述語・修飾語——文章読解のテクニック

主語と述語の理解は「述語から」

ここまでお伝えしてきた「俯瞰する」「要約する」「幹→枝→葉で考える」「文章の構成パターンを知る」は、表層読解のベースです。

ここからは、一つひとつの文章の読解をテーマに、より踏み込んだ表層読解のテクニックを見ていきます。

文章読解では、主語と述語の関係をしっかり把握することが大事です。

主語と述語を捉えることは、文脈や展開の理解を助けると同時に、誤読のリスクを下げる役割も担っています。

主語と述語を把握する際、「主語」に意識が向かいがちですが、実は「述語」に意識のウエイトを置くアプローチのほうが有効です。

述語というのは「○○だ」「○○だった」にあたる箇所です。

述語を見つけたら、続いて「誰が？」「何が？」とツッコミを入れながら主語を見つけていきます。

> 私がオフィスに戻ると、本木さんが遊びに来ていた。

文章を読み解く際、多くの人が「○○は～」や「○○が～」という主語に注目しがちです。

しかし、それだと、「私」と「本木さん」のどちらが重要な主語なのか、一瞬はっきりしません。

一方、述語に注目すると、「戻ると」が時間的な条件なのに対し、「遊びに来ていた」は状態を示す言葉であり、文脈上、後者がより重要度が高いと判断できます。

次に「遊びに来ていたのは誰？」と問いかけることで、「本木さん」が主語だということがわかります。

もうひとつの述語「戻る」についても、「戻ったのは誰？」とツッコミを入れることで、「私」が主語であることをサッとつかむことができます。

なお、述語とは、おもな動作や状態を示す箇所のことを言います。

述語を見つける際は、以下のような言葉に注目します。

- **動詞**：行動や状態を直接表す。例：「行く」「食べる」「走っている」
- **形容詞**：性質や状態を表す。例：「高い」「美しい」
- **形容動詞**：性質や状態を表し、また述語として「だ」「です」を伴う。例：「静かだ」「便利だ」
- **命令形**：他者に行動を促す。例：「手伝え」「片付けろ」

・**受身形・使役形・可能形**：行為を受けること、行為を強制すること、行為が可能であることなどを示す。例：「読まれる」「食べさせる」「開けられる」

これらは、多くの場合、文の最後に来ますが、文の構造によっては文節の最後に配置されることもあります。

文章読解では「述語→主語」の順番にチェックしていきましょう。

主語が明確に示されていない場合はどうする？

省略の多い日本語の場合、主語と述語の関係を把握するのが難しいケースがあります。

> 昨日の会議で新しいプランを提案した。

この文では、主語が明確に示されていません。

先ほどお伝えした通り、述語の「提案した」に「誰が提案した？」とツッコミを入れることで、アクションの主体を見つけることが可能です。

多くの場合、該当する文の前後の文脈（とくに前の文脈）に注意を向けることで、提案した人――個人、部門・組織、会議参加者など――を把握できるでしょう。

このように、主語が省略されている場合でも、述語にツッコミを入れながら、文脈を注意深く見ることで、また、一般常識やセオリーと照らし合わせることで主語を推測することができるのです。

世の中には、書き手の筆力や配慮が足りず、意味がよくわからない〈言葉足らず〉な文章もありますが、情報の欠落（＝省略）に気づくことができれば、文章の非論理性を指摘することもできます。

論理的ではない話や文章を見抜く力もまた、読解力と心得ておきましょう。

修飾関係をしっかりと把握する

太郎は涼し気な表情で立っているサチコを眺めた。

この文では、「涼し気な表情」をしているのが「太郎」とも「サチコ」とも取れます。
このようなケースでは、該当する修飾語により近い語を被修飾語に選びます。
以下は考え得る2パターンです。

①【修飾語】涼し気な表情で→【被修飾語】眺めた
②【修飾語】涼し気な表情で→【被修飾語】立っている

①は「涼し気な表情で」と「眺めた」の距離が離れています。
一方の②は、「涼し気な表情で」と「立っている」が近い距離にあります。
文脈上、違和感がなければ②で解釈すればいいでしょう。

もし、書き手が①のつもりだとしたら、それは、そもそも文の書き方に問題がありま
す。

書き手は、読点（テン）を打つなどして、以下のように書く必要がありました。

A：太郎は涼し気な表情で、立っているサチコを眺めた。

B：立っているサチコのことを、太郎は涼しげな表情で眺めた。

世の中には（悪気なく）誤読されやすい書き方をする人もいます。「近く（とくに直後）の言葉を修飾している」というセオリーを優先しながらも、書き手がわかりにくく書いてしまった可能性についても除外せずにいましょう（後続文章で明らかになることもあります）。

細かい構造にも注目する

ほかにも、文章読解で注意すべき点を見ていきましょう。

①抽象と具体

話の多くは、抽象と具体を行き来しています。

「抽象↕具体」を行き来することによって、情報の理解度が高まります。

よくまとめられている話や文章ほど、結論や背景などの大枠（＝抽象）を語ってから、事例などの詳細（＝具体）を語るパターンで構成されています。

したがって、抽象的で内容がつかみにくいときは、「この先で具体例が示されるだろう」とひとまず読み進めていきましょう。

逆に、具体例が出てきたけれど、それをどう理解すればいいかわからないときは、「この先でまとめの記述があるだろう」とそのまま読み進めていけばいいのです。

【具体化ワード】◯◯◯です。**たとえば**、△△△です。

このパターンでは、「読書は知識と人生の視野を広げるために非常に有効です」と結論（＝抽象）を述べたのちに、「**たとえば**、多くの著名な成功者が読書習慣を持っています。ビル・ゲイツやイーロン・マスクはその代表例です」のように、具体化した情報が示されます。

この構成を知っていれば、「たとえば」が出てきた瞬間に、〈よし、これから詳しい話が出てくるぞ〉と準備を整えることができます。

その結果、話の内容をより読み解きやすくなるのです。

「たとえば」のほかにも、「具体的には」「一例を挙げると」などの言葉が使われることがよくあります。

一方、具体を伝えてから抽象でまとめる逆パターンもあります。

【抽象化ワード】△△△です。**つまり**、〇〇〇です。

このパターンでは、「ビル・ゲイツは年間50冊以上の本を読んでいると言います。イーロン・マスクも幼少期から読書をし続けています」と具体的な情報を先に挙げてから、「**つまり**、読書習慣を持つことは、知識と人生の視野を広げるうえで大いに役立つのです」と結論（＝抽象）でまとめていきます。

情報の受け手は、「つまり」が出てきた瞬間に、〈これからまとめに入るはず〉と、一気に集中力を高めます。


このように、「抽象と具体」の意識を強めることによって、文章に接しながら、「抽象情報（結論など）」と「具体情報（具体例や詳細など）」の有無や、明瞭さ・不明瞭さに気づくことができます。

いつでも「この箇所は、抽象と具体、どちらの話をしているのだろう？」と考えるクセをつけましょう。


なお、会話の場合も「抽象↕具体」への意識は変わりません。

相手がふわっとした抽象論しか語らないときは、「たとえば？」「具体的には？」のような言葉を使って具体化を促しましょう。

同様に、相手がいつまでもまとめに入らないときは、「それで結論は？」「つまり？」「要するに？」のような言葉を使って「まとめ」を促しましょう。

相手から得る具体化情報や抽象化情報が多いほど、理解度は高まっていきます。

②比較

読解するうえで「比較」の構造に着目することも大事です。

比較を通じて、伝え手が何を伝えたいのか、どの情報を強調したいかが明確になるからです。

比較では、「一方」「他方」「対して」などの言葉がよく使われます。

「しかし」をはじめとする逆接の接続詞も、広い意味では「比較」に含まれます。

【比較ワード】〇〇〇です。**一方**、△△△です。

「一方」を転換点とし、先行文章と後続文章を比較しています。

「山本さんは営業が得意です。一方、事務仕事は不得意です」や、「多くの大企業がデジタル化を進めています。対して、中小零細企業ではデジタル化への移行が遅れています」のように使います。

【比較（逆接）ワード】○○○です。**しかし、**△△△です。

「しかし」を使う場合、多くは、後続文章に伝え手が強調したいポイント（意見や主張）が含まれています。

「彼は非常に忙しい。しかし、いつも家族と過ごす時間を確保している」という内容であれば、伝え手は、「非常に忙しい」ではなく、「いつも家族と過ごす時間を確保している」という内容に光を当てたいわけです。

この構造を知っておくだけでも、読解に誤りやズレがなくなります。

③後述強調

「だけでなく」「のみならず」「以上に」――これらの表現は情報の範囲を広げたり、強調したりする際によく使われます。

これらの表現に注目することで、読解のスピードと精度が高まります。

【後述強調ワード】◯◯だけでなく

例：A社は人材育成事業**だけでなく**、出版事業も手がけています。

【後述強調ワード】◯◯のみならず

例：◯◯地域は、観光地として**のみならず**、温泉地としても有名だ。

【後述強調ワード】◯◯以上に

例：商品Aは機能面**以上に**、そのデザインセンスが秀逸だ。

いずれも、話題を広げると同時に強調ポイントを後続文章に置いています。

つまり、後続文章に注目することで、重要なメッセージを把握しやすくなるのです。

「接続詞」で予測し、把握する

接続詞は行く先を示すウインカー

話の内容を読み解くうえで、注目すべき品詞のひとつが「接続詞」です。

接続詞は、クルマで言うところのウインカーです。

文章の書き手がウインカーを出すことによって、後続車（＝話を聞く人・文章を読む人）は、話が進む方向をあらかじめ予測することができます。

予測の精度が高まるほど、内容を読解しやすくなります。

以下の①と②の空欄［　］にはどんな言葉が入るでしょうか？

①目の前に置かれたのはレバニラ炒めだった。実は、私はレバーが苦手だ。だから、［　　　　］。

②目の前に置かれたのはレバニラ炒めだった。実は、私はレバーが苦手だ。しかし、［　　　　］。

おそらく、①には「どうしても食べることができなかった」のような（食べない寄りの）表現を、②には「手をつけないのも悪いので、何食わぬ顔で食べ始めた」のような（食べる寄りの）表現を入れたのではないでしょうか。

なぜなら、「だから」や「しかし」というウインカーを見て、あなたがその先を予測したからです。

このように、一つひとつの接続詞の意味や役割を把握していれば、その先の話の筋を予測・把握しやすくなるのです。

「たかが接続詞、されど接続詞」です。

普段よく目にする（耳にする）接続詞の意味と役割を調べておくほか、文中に接続詞が登場した際は、その接続詞の前後の結びつき（論理）に違和感がないか、よくチェックしましょう。

接続詞の頻出パターン

接続詞はA（先行文章）とB（後続文章）をつなぐ役割を果たします。

【頻出パターン①：AなぜならB】

> 今日は朝食を抜きました。【A】なぜなら、ダイエット中だからです。【B】

「なぜなら」を使ったこのパターンの場合、Aで「結論・結果」、Bで「理由・原因」を示します。

後続文章の文末には「なぜなら」に呼応する形で「〜（だ）から」が用いられます。

【頻出パターン②：AだからB】

現在ダイエット中です。【A】だから、今日も朝食を抜きました。【B】

「だから」を使ったパターンの場合、Aで「理由・原因」、Bで「結論・結果」を示します。「だから」の代わりに「したがって」などを使うこともあります。

ちなみに、接続詞を使わずに「現在ダイエット中のため（だから／ゆえ）、今日も〜」と表現するパターンもあります。

説明や報告など、多くの伝達で、「結論・結果→理由・原因」か「理由・原因→結論・結果」が用いられます。

頻出パターンの①や②は、言うなれば、「◯◯だから△△だ」という論法が成り立つ「因果関係」です。

「AなぜならB」や「AだからB」のパターンに気づいたときは、因果関係を把握する絶好のチャンス。AとBのつながりをていねいに見ていきましょう。

【頻出パターン③：たしかにAしかしB】

たしかに、彼は優秀です。【A】しかし、チームワークを乱すことがあります。【B】

「たしかに〜しかし」を用いたパターンの場合、Aで「事実や相手の言うこと」を限定的に肯定・容認したのち、Bでは、Aと異なる視点や補足情報、（ときには）反論・異議などを示します。

【頻出パターン④：もちろんAしかしB】

もちろん、技術革新は経済成長に貢献しています。【A】しかし、それが社会的な不平等を増大させることもあります。【B】

「もちろん〜しかし」を使ったこのパターンの場合、Aは「聞く人（読む人）との間での共通認識や合意がある事柄」、Bで「自分の意見」を示します。

Bでは、意外な視点や例外を示すことも少なくありません。

「たしかに」に比べ、「もちろん」は、より強い肯定を示します。

それによって「しかし」以降（B）との対比効果がより強調され、Bのメッセージが強く印象に残ります。

頻出パターン③や④は、理路整然としており、それでいて懐深く（広い視野で）相手に意見や主張を伝えたいときに用いられます。

どちらのパターンも、「しかし」に〈でも実は〉のニュアンスが含まれています。

このニュアンスをつかむことで、後続文章への集中力が高まりやすくなります。

論理的な構造をつくる8つのグループ

それぞれの接続詞に抱いているイメージと実際の意味がズレているとしたら、残念ながら、あなたは文章の内容を正しく読み解けていない恐れがあります。

接続詞を〈脇役的な存在〉と軽視している人もいるようです。

しかし、実際には、文と文をつなぐ要《かなめ》の存在であり、その意味や機能を正しく把握していなければ、適切な読解を妨げかねません。

以下は、論理をつくるうえで重要な8大接続詞グループです（接続詞的な役割をもつ言葉も含んでいます）。

①言い換え・説明グループ

②反対・比較グループ

③因果グループ
④添加グループ
⑤選択グループ
⑥転換グループ
⑦並列グループ
⑧例示グループ

①〜⑧それぞれのグループの役割や、それぞれの接続詞の意味とニュアンスを的確に把握しておきましょう。
それぞれのグループに含まれる代表的な接続詞を紹介します。

①言い換え・説明グループ

話のポイントを明確にしたり、話の内容を整理したり、話を具体化したりするときに使われる接続詞グループです。

「言い換え」や「説明」にあたる後続文章には、読解するうえでカギとなる重要な記述が含まれているケースがよくあります。

・**つまり**：先行内容をまとめる（言い換える）

【例文】彼は休みなく毎日10時間働いている。**つまり**、週に70時間も働いていることになる。

・**要するに**：複数の情報や議論の要点、会話の流れなどを簡潔にまとめる

【例文】その日は予定に反し、私たちは一日中会議をしていた。**要するに**、何も決まらなかったのだ。

・**言い換えれば**：先行内容について、異なる言葉や表現で再度説明する

【例文】彼は経験豊かだ。**言い換えれば**、状況ごとに何をすべきか正確に知っている。

・**すなわち**：ある事柄を再定義したり、先行内容をさらに明確にしたりする。特定の情

報を具体的に示す際に用いることも

【例文】書くことは、**すなわち**、生きることである。

・**言わば**：ある事象や状況を比喩的に説明する

【例文】彼のポジションは、**言わば**「司令塔」である。

②反対・比較グループ

異なる情報や視点を示すときに使われる接続詞グループです。比べる対象同士の関係性（類似点や相違点など）に注目することによって、情報の解像度が高まり、内容を読み解きやすくなります。

・**しかし**：先行内容と反対の（対立・矛盾する）事実や意見を示す

【例文】彼は速く走れる。**しかし**、泳ぎは得意ではない。

・**ところが**：先行内容から推測される結果とは大きく異なることを示す。後続内容には意外性が含まれることも多い

【例文】この計画は成功すると確信していた。**ところが**、まったくうまくいかなかった。

・**だが／でも／けれども**：先行内容とは異なる視点や状況、結果などを示す

【例文】この計画は、理論上は完璧だ。**だが**、実際には多くの問題がある。

・**対して**：先行内容と異なる情報や事象を示す。条件間の比較を強調する

【例文】昨年のこの時期は雨が多かった。**対して**、今年は乾燥している。

・**一方で**：先行内容と後続内容の情報を対比する

【例文】市場は急成長を遂げている。**一方で**、環境への懸念も高まっている。

・**むしろ**：一般的な見方・期待とは異なる視点を示す

【例文】彼は今の環境を悲観してはいない。**むしろ**、喜んでいるようだ。

・**ただし**：先行内容について例外的な規定（条件・制限）などを伝える

【例文】どなたでもご利用いただけます。**ただし**、事前登録が必要です。

・**それでも**：困難や障害にもかかわらず続行される行動や状況を示す

【例文】彼は試合中にケガをした。**それでも**、最後までプレーを続けた。

・**それにもかかわらず**：先行内容に対し、道理に合わないと思うことを示す

【例文】彼は明らかに準備不足だった。**それにもかかわらず**、決勝戦で大活躍した。

③因果グループ

原因と結果の関係性を論理的に示すときに使われる接続詞グループです。これらの接続詞の前後には、「原因↕結果」の因果関係があります。その関係性や強弱に目を向けることで、内容を読み解きやすくなります。

・**だから**：原因や理由から結果や結論を導く

【例文】今日はとても寒い。**だから**、コートを着て出かけよう。

・**よって**：「だから」と同様に、原因から結果への論理的な推移を示す（よりフォーマルな文脈や書き言葉で使われることが多い）

【例文】彼女は規則に違反した。**よって**、ペナルティを受けることになる。

・**ゆえに／それゆえ**：「よって」と同様に、因果関係を示す（さらに強い論理的な必然性を表す）

【例文】小林さんは長年の経験を持つ。**ゆえに**、この職に最も適任である。

・**したがって**：先行内容（事実や状況）から自然に導かれる結果を示す

【例文】証拠が不十分である。**したがって**、裁判所は彼を無罪と判断した。

・**そのため**：先行内容を理由に、具体的な行動、結果、結論などを導く

【例文】昨夜は大雨が降った。**そのため**、いくつかの地域で洪水が発生した。

・**その結果**：ある行動や事象が直接的にもたらした結果を示す

【例文】A社は大規模なリストラを実施した。**その結果**、コスト削減に成功した。

・**そこで**：先行内容（場面・状況）を受けて、結論や意思的行動を示す

【例文】データが不足していることが明らかになった。**そこで**、追加で耐久テストを行なうことにした。

・**なぜなら**：先行内容の理由や根拠、原因を示す

【例文】私は毎朝10分の散歩を続けています。**なぜなら**、それが健康を維持するうえで最も重要だと感じているからです。

④添加グループ

追加情報を示したり、話題を広げたりするときに使われる接続詞グループです。後続文章にどんな新しい情報が登場するか、あるいは、話題がどう広がるかに注目することで、より理解を深めやすくなります。

・**さらに**：先行内容を受けて、新たな情報を付け加える。示す情報が先行内容を強化または補完する場合にとくに有効

【例文】彼は優れた科学者です。**さらに**、才能あるピアニストでもあります。

・**そのうえ**：先行内容にさらに情報を追加する。先行内容と同じくらい、またはそれ以上に重要な情報を導入するときにも使う

【例文】このカメラは高画質です。**そのうえ**、防水機能も備えています。

・**くわえて**：「そのうえ」同様に、先行内容にさらに情報を追加する。列挙項目に追加

する目的で使われることも多い

【例文】この地域は美しい景観で有名です。**くわえて**、美味しい料理も楽しめます。

・**しかも**：先行内容に、ダメ押し的に内容を加える

【例文】彼はマラソン大会で完走した。**しかも**、トップ10に入る好成績を収めた。

・**それに**：先行内容に、追加情報を示す。強調すると言うよりは、関連する情報を積み重ねることで全体の理解を深める効果がある

【例文】この本は読みやすい。**それに**、情報量も豊富だ。

・**そして**：先行内容に続いて何かが起こることを示す。とくに、行動や出来事が順序よく続く場合に使われる

【例文】彼女は本を閉じ、**そして**眠りについた。

・**ちなみに**：余談や、参考にしてもらいたい補足情報を付け加える

【例文】週末に映画を見に行く予定です。**ちなみに**、その映画は私の生まれ故郷で撮影されました。

・**なお**：先行内容に、新たな情報や詳細を言い添える。情報の補足・訂正として用いることもある

【例文】会議は15時から始まります。**なお**、会場は10号室に変更になりました。

⑤選択グループ

ふたつ以上の選択肢や代替案、可能性などを示す際に用いる接続詞グループです。

・**または／もしくは**：複数の選択肢のうちひとつを選ぶ

【例文】ニース風サラダ**または**魚のテリーヌ、どちらかを前菜としてお選びください。

・**それとも**：ふたつの選択肢から選ばせる。質問形式で用いることが多い

【例文】週末はショッピングに行く？　それとも、家でゆっくりする？

・**あるいは**：「または」や「もしくは」と同様に、選択の余地を与える文脈で用いる。少しフォーマルなニュアンスを持っている

【例文】彼が戻るのは、今夜、**あるいは**明日の朝になるだろう。

⑥転換グループ

会話や文章の中で話題を切り替える際に使われる接続詞グループです。これらの接続詞に触れたら、〈今から次の話に移るぞ〉と準備を整えましょう。

・**ところで**：会話の中で新しい話題に移る際の合図。とくに、話の流れの中で自然に話題を変えたいときに用いる

【例文】それが、この地ビールをおすすめする理由です。**ところで**、明日のプレゼンの準備はどうですか？

・**さて**：話題を新しく始めるときや、話題を変える際の合図に用いる

【例文】**さて**、この問題に対する私たちの解決策は何でしょうか？

・**では**：先行内容を受けて、次の論点に移る、あるいは次の行動へ導く際の合図に用いる

【例文】**では**、その点を踏まえて、次のステップを解説していきます。

⑦並列グループ

文や文節をつなぎ、先行内容と後続内容が対等の関係であることを示す接続詞グループです。

・**また**：先行内容を受けて、追加や類似の情報を挙げる

【例文】彼は仕事でいくつかのトラブルに見舞われていた。**また**、夫婦の間にも問題を

抱えていた。

・**および**：並列の関係にある複数の項目を列挙する。公式な文書で好まれ、ビジネス文書や学術的な文書などで用いることが多い

【例文】この報告書には、結果**および**分析が含まれています。

・**ならびに**：ふたつ以上の事柄を列挙する。「および」以上にフォーマルな印象があり、法的な文書や公式な報告書によく用いる

【例文】会議はオンライン**ならびに**オフラインの両方で開催されます。

⑧例示グループ

具体的な事例を示すことで内容の理解を深める役割を持つ接続詞グループです。

・**たとえば**：先行内容の事例や具体例を示す

【例文】食生活を改善する方法はいくつかあります。**たとえば**、白砂糖の代わりに天然の甘味料を使用することが挙げられます。

・**具体的には**：具体的な事実や数字を提供する

【例文】健診等の受診率は男性より女性のほうが低い。**具体的には**、男性が72％で、女性が67％というデータがある。

・**例として**：特定のケースを挙げて、一般的な説明を具体化する

【例文】リモートワークを導入する企業が増えている。**例として**、ドクカイ社では社員の80％が週に3日は自宅で仕事をしている。

・**一例としては**：特定の事例を紹介し、ひとつの可能性を示す

【例文】自宅でできる災害への備えには、さまざまなものがあります。**一例としては**、非常持ち出し袋を準備しておくことが挙げられます。

- **例を挙げると**：より具体的な情報を提示し、例示を強調する

【例文】カギを握るのが、福利厚生の充実です。**例を挙げると**、フレックスタイム制度や在宅勤務制度を導入するだけでも離職率を下げることができます。

事前に全体に目を通し、アタリをつけてから読み始める際も、接続詞への意識を強めることで、内容への理解が格段に深まりやすくなります。

このプロセスは、野球で言えば、打席に立つ前にピッチャーの投げられる球種を確認するようなものです。

球種がわからず打席に立つときに比べ、ヒットにできる確率が高まることは容易に想像がつくでしょう。

「こそあど言葉（指示語）」の指し示す先を確実に捉える

- これ／それ／あれ／どれ

・この／その／あの／どの
・ここ／そこ／あそこ／どこ

これらは「こそあど言葉」と呼ばれる指示語です。

「こそあど言葉」の指し示す先を把握し損ねると、理解度が一気に下がります。

以下は「こそあど言葉」が指し示す対象を正確に捉えるためのポイントです。

①直前の文脈に注意を払う

「こそあど言葉」が出てきた場合、即座に、それが何を指しているかを特定しましょう。

多くの場合、指示語の指し示す先は直前の文章にあります。

文脈をしっかり見ていくことで、指し示す対象を特定することができます。

たとえば、「これが〜」と書かれていた場合、「これ」が何を指しているかを直前の文章から探します。

例：「先日、図書館で東野圭吾の小説を借りました。**これ**が想像以上におもしろく、一気に読み終えました」→「これ」は「東野圭吾の小説」を指しています。

②直前の段落から音読する

残念ながら、指示語が指し示す先があいまいでわかりにくいケースもあります。その際には、直前の文章だけでなく、直前の段落全体にも目を向けます。直前の段落から音読しながら、意味のつながりに注意して「こそあど言葉」が指し示す対象を探っていきます。

例：「**その**アイデアは、会社の業績を大きく向上させました」→「そのアイデア」が何を指すか、先行文章の文脈から推測・特定します。

③不明な場合はアタリをつけておく

指示語の指し示す先がどうしても特定できない場合、おそらくこうだろう、とアタリをつけて読み進め、その後の文脈でアタリが正しかったかどうかを確認します。

例：「**あの**出来事は私にとって忘れられないものでした」→「あの出来事」が何を指すかが、先行文章で明示されていないようなら、「○○の出来事のことかな？」とアタリをつけたうえで、後続文章を読み進めます。

アタリ通りの結果であれば問題ありませんし、アタリとズレていたとしても、その差分が印象として強く残るため、読解の精度は高まりやすくなります。

なお、会話の場合は、こそあど言葉の指し示す先がわからない、と思った時点で確認を取る必要があります。

Aさん：「昨日の会議で話し合った**あの**件、最優先でいこう」
Bさん：「**あの**件と言うと、提案書作成の件ですか？」
Aさん：「違うよ。ほら、資材の発注先変更の件だよ」

「あの」の意味がわからなかった時点で、Bさんはすぐに確認を取りました。

相手に聞くのは失礼と思うかもしれませんが、読み解き損ねた責任を相手が取ってくれることはありません。

「こそあど言葉」の指し示す先がわかりにくいときは、遠慮なく確認・質問するようにしましょう。

「語尾」からニュアンスを読み取る

語尾に見え隠れする重要情報

文の語尾は、単なる「文の終わり」ではなく、情報の正確性や、書き手の意図を伝えるうえで重要な役割を果たします。

語尾に込めた意味やニュアンスを適切に汲み取ることによって、より正確な読解が可能になります。

「円安の影響かもしれません」
「円安の影響であることは間違いありません」

前者の「〜かもしれません」は、推測の表現であり、情報が確実でないことを示しています。

一方、後者の「〜は間違いありません」は、書き手が強い確信を持っていることを示す断定的な表現です。

このように、語尾の選択は、情報の正確さや確信の強さを左右する重要な要素です。

「円安の影響です」
「円安の影響にほかなりません」
「円安の影響そのものです」

いずれの表現も、書き手が情報に確信を持っているニュアンスを含んでいます。

読み手は〈少なくとも書き手は確信を持っている〉と読み取る必要があります。

「円安の影響と言われているようです」

「円安の影響と言う人もいます」

「円安の影響という可能性もあります」


これらは、不確かさを示す表現であり、説得力が高いとは言えません。

これらの語尾が使われているにもかかわらず、読み手が「そうか、円安の影響なのか」と断定情報として受け取ってしまうとしたら、それは読解力が低い状態です。

少なくとも「円安の影響ではない可能性もある」と考える余地を持つべきです。

- 円安の影響です
- 円安の影響でしょう
- 円安の影響と言えます
- 円安の影響とも言えます
- 円安の影響ではないでしょうか
- 円安の影響かもしれません
- 円安の影響というわけです

・円安の影響にほかなりません
・円安の影響に違いありません
・円安の影響そのものです
・円安の影響のようです
・円安の影響らしいです
・円安の影響だと推察できます
・円安の影響だと思います
・円安の影響だと思われます
・円安の影響と考えられます
・円安の影響という気がします

大事なのは、語尾の選択肢が豊富にあることを理解したうえで、それぞれのニュアンスを把握しておくことです。

語尾の使い分け技術が磨かれていくと、たとえば、不適切な語尾を目にしたときに違和感を抱きやすくなります。

・語尾の使い方が不自然ではないか?
・なぜ、この人はこの語尾を使ったのか?
・どんな意図でこの語尾を選んだのか?

語尾に注目することで、書き手の真意や意図を、より的確に読み取れるようになります。

語尾から見抜く書き手の姿勢と責任感

語尾を見れば、書き手がどこまで誠実にその内容に向き合い、また、その内容に責任を負おうとしているかを見抜くこともできます。

次のAとBの内容を比較してください。

【A】この映画、ヒットするのかしないのか……。そもそも最近の映画ファンは、勧善懲悪な「ヒーローもの」に飽きている気がしなくもない。多様性に配慮しすぎたのだろうか、無理やり非白人を登場させるキャスティングにも問題があると感じる人もいるかもしれない。

Aは、そのすべての文で、「ヒットするのかしないのか……」「気がしなくもない」「配慮しすぎたのだろうか」「感じる人もいるかもしれない」など、遠回しで歯切れの悪い語尾を使用しています。

ここまで非断定の語尾が続くと、〈そもそも私は発言内容に責任を持ちたくありません〉という態度に見えてしまいます。

つまり、語尾や、語尾の連なりというのは、書き手がその文章に対して、どこまで真摯に向き合い、どこまで責任を負おうとしているのかを判断するリトマス試験紙でもあるのです。

【B】この映画がヒットすることはないだろう。そもそも最近の映画ファンは、勧善懲悪な「ヒーローもの」に飽きている。多様性に配慮しすぎて、無理やり非白人を登場させるキャスティングにも問題がある。

一方のBは、遠回しであいまいな語尾が少なく、Aに比べ、書き手の明確な意見や意思、あるいは、内容に対する強い自信が伝わってきます。内容の正否は別にしても、書き手の〈私は発言内容に責任を持ちます〉という態度が感じられます。

【あいまいな語尾の例】

- 〜と言われている
- 〜と言う人もいる
- 〜と広く考えられている
- 〜と広くみなされている
- 〜と信じられている
- 〜という声（話）もある
- 〜という可能性もある

・〜という指摘・批判もある
・〜と見る向きもある
・〜ようである
・なぜか〜である
・不思議と〜である
・（◯◯さんが）〜と論じている

もちろん、「語尾が明快であれば信用に足る」と言いたいわけではありません。

本来、推測や伝聞の情報であるにもかかわらず、その情報を断定してしまえば、読み手に誤情報を伝えてしまう恐れがあります。

ここでお伝えしたいのは、語尾の意味・ニュアンスを瞬時に察知できるよう感覚を磨くと同時に、その語尾から透けて見える書き手の〈その内容への向き合い方・責任を負う姿勢・自信の大小など〉についても読み解いていこう、ということです。

「意味段落」から流れをつかむ

意味段落で読み解くエクササイズ

ここまで、言葉に注目することの重要性についてお伝えしてきました。
本項では、一歩進み、文章全体の流れをつかむ方法について解説します。
全体の流れをつかむために注目すべきは、「段落」です。
段落は、「形式段落」と「意味段落」に分けられます。
形式段落は、改行し、1字下げて始まる文のまとまりを指します。
見た目や書式に基づいていることが多いです。
一方、意味段落は、形式段落を意味のつながりによってひとつにまとめたもので、その段落内でひとつの完結した考えを示しています。

つまり、多くの場合、意味段落の中にいくつかの形式段落が含まれます。

話の大筋をつかむ際には、意味段落を把握し、それらのつながり（流れ）を意識することが重要です。

以下の流れは、前項の内容を意味段落でまとめたものです。

①語尾を見れば、書き手がどの程度その内容に責任を感じているかがわかる

←

②【例文A】非断定の語尾の例を提示

←

③【例文B】断定の語尾の例を提示

⬅

④あいまいな語尾の例を提示

⬅

⑤語尾から書き手の態度や自信を読み取る感覚を磨こう

表層読解においては、このように、話全体の流れを把握することが肝心です。多くの文章で、書き手が本当に伝えたい内容は、それほど多くありません。この大きな流れが「幹」であり、その詳細が「枝葉」にあたります。細部を理解できなくても、大枠である「幹」をつかむだけで十分な場合もあります。

さらに、①~⑤を要約したものが以下です。

語尾を見れば、書き手がどの程度その内容に責任を負おうとしているかがわかる。

だから、文章の語尾から書き手の態度や自信を読み取る感覚を磨こう。

これが、前項で伝えたかったワンメッセージです。

いきなり数百・数千文字を簡潔にまとめるのは難しいものですが、意味段落を把握することができれば、その作業は格段にラクになります。

あなたが読解力を高めたいなら、本書に載せている一つひとつの項目を、意味段落に分けてみるのもおすすめです。

意味段落に分けたら、意味段落ごとに（1行程度で）タイトルをつけたうえで、段落間に矢印をつけて全体の流れを可視化してみましょう。

このトレーニングをするだけでも、情報のポイントを見極める力と、論理のつながりを把握する力が飛躍的に伸びていきます。

本を汚しても構わない、という人は、意味段落ごとにペンで囲むほか、ページの余白に意味段落のタイトルを記してもいいでしょう。読解力を解説した本書でこのトレーニングをすることによって、相乗効果を得ることができます。

論理の崩れやズレを見抜く

実践問題でチェック

ここまで表層読解で重要なポイントについてお伝えしてきました。
本項では、実践的な文章を用いて、表層読解の重要性を実感いただきます。

まずは、次の文章をお読みください。

7月22日、終日雨。今日は息子の誕生日だ。
パズルが大好きな息子のために、退社後、ショッピングモールでパズルを買った。

そして、ケーキ屋さんで予約していたケーキを受け取る。

私はと言えば、朝から少しくしゃみが出る。

ドラッグストアに寄って風邪薬を購入する。

帰宅ラッシュに巻き込まれながら30分後に帰宅。


ドアを開けるや否や、息子ふたりが玄関に駆け込んでくる。

プレゼントが入った紙袋をめざとく見つけて「わー、パズルだ!」と騒いでいる。

私は「晩ごはんのときに渡すね」とふたりの攻撃をいなす。

厚手のダウンジャケットを脱ぎ、手洗いうがいを済ませ、病院でもらった風邪薬を飲んでからダイニングへ。

4人がけのテーブルには、お約束になっている妻の手作り料理と手作りケーキが並んでいる。

「おかえり。悪いけど、お庭の洗濯物、入れてきてくれない?」

「おお、了解」

手際よく洗濯物を室内へ取り込む。快晴だったおかげでよく乾いている。

「ボクがやるんだから、お姉ちゃんは触らないで」

リビングからは、さっそくパズルに興じている子どもたちの声が聞こえる。

その声を聞きながら、ふと、幸せだなあ、と思った。


さて、あなたに質問があります。

あなたが、この文章に抱いた違和感を教えてください。

「あまり気にならなかった」と言う人もいるかもしれません。

では、そういう方に質問です。

以下の質問に適切に答えることはできますか？

・7月なのになぜ厚手のダウンジャケットを着ていた？
・帰宅後、ドラッグストアで買った風邪薬ではなく、病院でもらった風邪薬を飲んだのはなぜ？
・玄関でプレゼントを渡さなかったのに「さっそくパズルに興じている」のはなぜ？

・妻の手作りケーキがあるのに（お約束なのに）、なぜケーキ屋さんでケーキを買った？
・子どもは全員で3人（「息子ふたり」と「お姉ちゃん」）らしいのに、ダイニングテーブルは4人がけ？
・終日雨だったのに、庭に洗濯物？
・終日雨だったのに、「快晴だったおかげで」とは？

答えに窮《きゅう》する質問が多いのではないでしょうか。

それもそのはず、先ほどの文章は、あえて違和感を抱くように書いた「いじわるな文章」です。

論理的におかしな情報が、文中にちりばめられています。


程度の差はあれ、違和感を抱いた人は、「文字」だけでなく、「内容」をしっかりと読んでいる人です。

一方で、あまり違和感を抱かなかったという人は、注意が必要です。

そういう人は、もしかすると、文字面をただ目で追っているだけか、一文ずつの意味は理解できているものの、「つながり（論理）」としての理解ができていない状態かもしれません。

表層読解は、一文ずつの意味が理解できればＯＫというものではありません。文と文は、いつでもお互いに影響し合っています。意味と意味のつながりまで見えて、初めて「表層読解できた」と言えるのです。意味のつながりを見誤れば、当然、段落ごとのつながりも読み誤ります。

文と文のつながりが見えているかどうかのバロメーターが、文章の読み手であるあなたが感じる「違和感」です。

違和感というのは、理解できない、わからない、不自然である、納得できないと感じたときに芽生えるものです。

違和感を抱いたということは、理解への道を進み始めた証拠とも言えます。

一つひとつの違和感の原因をつぶしていく（確認していく）ことで、正しい理解に至りやすくなります。

一方で、文と文の意味のつながりがおかしく、お世辞にも論理的とは言えない文章に対し、まったく違和感を抱かないとしたら、それは、文章を読み流し（あるいは話を聞き流し）、「理解したつもり」に陥っている状態かもしれません。

この「理解したつもり」こそが、読解力において最も危惧すべき状態です。

くり返しになりますが、大事なのは、単体で文を理解することではありません。文と文がどう関係し合っているか、そのつながりまでていねいに見ていくことです。「何かおかしい」「矛盾している」「つじつまが合わない」――こういう違和感を抱けるようになってきたら、それは読解力が高まってきた証拠です。

第5章

クリティカルに聴く・読む【深層読解】

深層読解とは何か

批判的思考（＝クリティカル思考）を発揮して深層に迫る

言葉をベースに情報を読み解く「表層読解」が、読解力の基本であることは間違いありません。

一方で、世の中の情報はそのすべてが言語化されているわけではありません。

その情報の背後に〈何か〉が隠されていることもあれば、その情報の奥や裏に真意や事実が隠れていることもあります。

あるいは、言葉それ自体が「嘘」「フェイク」「装飾」「取り繕い」などであるケースも少なくありません。

読解力を磨くには、「言葉」の意味だけではなく、言葉では表現されていない背景や経緯、感情、深層心理などを読み解いていく力、すなわち「深層読解」も必要となります。

本章では、そうした深層読解を磨いていく方法についてお伝えします。

たとえば、ある人が「若者のコミュニケーション能力が低下してきている」と発言したとします。

この意見に同意・納得する人も少なからずいるでしょう。

しかし、本当にその情報は正しいと言えるのでしょうか？

その発言は、どのような根拠に基づいているのでしょうか？

あるいは、発言者の個人的な経験を一般化した可能性もあります。

もしかすると、「若者のコミュニケーション能力が低下している」のは、その人の生活圏のみで見られる現象かもしれません。

このような状況で求められるのが、「批判的思考（クリティカル思考）」です。

批判的思考とは、物事を批判的に検討し、論理的で合理的な判断を行なうための思考プロセスのこと。

ここで言う「批判的」とは、単に否定的な評価をすることではありません。

情報や意見、事実を注意深く分析・評価し、偏見や感情に流されずに考えることを指します。

大事なのは、その情報について「この理解で本当に正しいのか？」と常に建設的な問いを持つことです。

批判的思考を行なうことで、情報を鵜呑みにするのではなく、「本当にそれが事実なのか？」と立ち止まって、ほかの可能性について考え始めるようになります。

大事なのは、先入観や感情にとらわれず、情報を客観的に見つめる意識、すなわち「曇りのない目」なのです。

あえて異なる視点から状況を見直してみることも、批判的思考のひとつです。

たとえば、失敗を単に「ミス」と捉えるだけではなく、「学びや成長の機会」として解釈するほうが、失敗についてより深く理解している状態と言えるでしょう。

同様に、「消費の増加」を単に「経済活性化の要因」として捉えるだけでなく、「環境破壊の遠因」としても解釈するほうが、より物事を深く理解している状態と言えるでしょう。

このように、物事をAという視点からだけでなく、BやCやD、あるいはXやZの視点からも見ることで、対象物への理解をより深めていくことができるのです。

批判的思考を磨きたいなら、まずは「建設的な問い」を持つことから始めましょう。

「それはあなたの個人的な意見なのでは？」を大事にする

情報を受け取る際、その内容を肯定的に捉えつつも、一方では「それはあなたの個人的な意見なのでは？」と問う意識が重要です。

つまり、伝え手の意見を鵜呑みにするのではなく、それが事実なのか、それとも個人的な見解にすぎないのかを見極める姿勢を持つ、ということです。

たとえば、「最近は若者の読書離れが進んでいる」という主張を読んだ際、これが書き手の個人的な見解なのか、それとも客観的な事実なのかを確かめることが大切です。

「読書離れが進んでいるという意見は、どのようなデータや根拠、視点に基づいているのか?」と問いを持つだけでも、より深い理解へと進むことができます。

言うまでもなく、「それはあなたの個人的な意見なのでは?」は、相手に向けて言う言葉ではなく、心の中でつぶやく言葉です。

このつぶやきが引き金となって、脳内に「根拠がない(薄い)のでは?」というアンテナが立ち、内容を入念にチェックする意識が強まります。

盲目的に情報を受け入れるだけでは、真の読解力は養われていきません。

主体的かつ積極的に、情報を咀嚼《そしゃく》する必要があります。

正しい評価を加えるためにも、「それはあなたの個人的な意見なのでは?」と批判的に物事を見る目を養っていきましょう。

映画『羅生門』に学ぶ事実と真実の違い

黒澤明監督の名作映画『羅生門』は、「事実」と「真実」の違いを描いた作品です。

物語は、ひとつの事件を複数の登場人物が異なる視点から語る構造を取っています。

彼らは同じ事件について語っているにもかかわらず、その内容はまったく異なります。それぞれが自分の信じる「真実」を語っているからです。

この作品で見えてくるのは、「真実は人の数だけ存在する」というメッセージです。

この考え方は、読解力を発揮するうえで極めて重要です。

『羅生門』のように、同じ事実が異なる真実を生み出すことがあると理解することで、情報をより深く、また広い視野で捉えることができるようになります。

たとえば、ある人の話を聞きながら理解を深めていく際、「○○さんの話は、○○さんの中では真実なのだろう。一方で、違う真実もあるかもしれない」という態度で読み解いていくわけです。

事実と真実を見極める目を養うアプローチは以下の3点です。

【複数の視点で物事を見る】

ある情報に触れたとき、その情報をさまざまな角度から検証することが大切です。

たとえば、ひとつのニュース記事について、異なるメディアの報道や専門家の意見を比較することで、事実と真実の違いを識別しやすくなります。

さらに、特定の情報や事実を多種多様な観点から分析することも有効です。

たとえば、国同士の戦争報道に触れた場合、その戦争の根っこには、地政学、宗教、政治、経済、人種、歴史など、多くの要素が複雑に絡み合っています。

深層読解を進めていくときには、これら一つひとつの要素をていねいに見ていく必要があるのです。

【自分の感情や都合、先入観の影響を理解する】

情報や物事を読み解く際、多かれ少なかれ、自分自身の感情や都合、先入観が影響を及ぼします。

たとえば、A国とB国の戦争ニュースに触れる際、もともと自分がA国に良いイメージ、B国に悪いイメージを持っていた場合、たいした検証もせず、A国が善で、B国が悪と決めつけてしまうようなことがあります。

これは感情的な読解であり、論理的な読解とは言えません。

自分の真実（＝正しさ）を守るための「歪んだ読解」です。

自分の感情や都合、先入観を自覚することによって、客観的かつ公平な視点が生まれ、適切な検証や思考を経て、物事の深層へと進みやすくなります。

なお、このプロセスを踏むことは、事実と個人的な解釈との間に存在するギャップを埋める役割も果たすため、自己成長にもつながります。

【他者の真実を尊重する】

あなたが「おかしい」「違う」と感じても、その人の中では揺るぎない真実であることは多々あります。

他者の真実を尊重することは、人間理解において極めて重要です。

とくに、自分と異なる意見や主張に触れたときは、その良し悪しを簡単にジャッジせず、その背後にある、その人の価値観や信念、動機、思惑、これまでの経緯など、言外の情報にも目を向けましょう。

他者の真実を受け入れることは、人間理解における基本にして究極です。

「○○さんの真実は△△である」と認めたうえで、冷静かつ客観的に、あなたなりの読解をしていきましょう。

ニュアンスから読み取る

言葉のニュアンスをつかむ

言葉のニュアンスとは、言葉が持つ微妙な印象や、文脈による色合いを表します。ニュアンスは単なる「意味」とは異なり、その言葉が使われる状況や文脈、伝え手の意図や感情によって変化します。

「頑張って」という言葉は、本来「励まし」を意味しますが、場合によっては「強制」「プレッシャー」「嫌み」のニュアンスを帯びることがあります。

同じ言葉でも、その響きが受け手に与える印象は千差万別です。「怒り」には、「怒ること」「腹立ち」「憤り」などの意味があります。

しかし、すべての「怒り」をこれらの言葉だけで捉えるのは困難です。怒りの中には、「憎しみ」や「嫉妬」が含まれることもありますし、「絶望」や「諦め」のような感情が交ざる場合もあります。

たとえば、「悲しみ交じりの怒り」という複雑な感情も存在するでしょう。

大切なのは、その文脈の中で言葉のニュアンスを読み取ることです。

以下は、ニュアンスをつかむためのポイントです。

①違和感をキャッチする

言葉に接した際、「何かおかしい」「しっくりこない」と感じたら、そこには独特なニュアンスが存在しているかもしれません。それがいったいどういうものなのか、注意深く見ていきましょう。

②文脈に注目する

その言葉が使われている前後の文脈をていねいに観察しつつ、以下のポイントを確認します。

・その言葉の前後にある言葉やフレーズが何を示しているか？
・文章や話の全体のトーン（ポジティブかネガティブか、中立かなど）
・伝え手の意図や立場（何を強調したいのか？）

もしかしたら、相手はあなたが疲労困憊していることに気づかず、「頑張って」と声をかけたのかもしれません。

③別の言葉に置き換える

問題の言葉を、類語や近い意味を持つ別の言葉に置き換えてみましょう。

たとえば、「頑張って」を「無理しないで」や「期待しているよ」に置き換えることで、ニュアンスの変化を確認できます。

④「逆」を考える

その言葉の対極にある表現や感情を意識することで、ニュアンスを捉えやすくなることがあります。たとえば、「ぶっきらぼう」という言葉にピンとこないときは、「ぶっきらぼう」の反対語を調べるのです。もし「愛想がいい」がヒットしたなら、「愛想がいい」の対極をイメージすることでニュアンスを捉えやすくなります。

⑤他者の反応を観察する

実際にその言葉が使われた場面で、周囲の反応（表情、態度、行動）に注目します。他者がどう受け取るかを観察することでニュアンスをつかみやすくなります。

⑥共感を試みる

発言者や書き手の視点に立ち、「なぜこの言葉を選んだのか」「どのような気持ちで言ったのか」を想像することで、適切なニュアンスを把握しやすくなります。

言葉のニュアンスをつかむ力を磨くことで、深層読解が進みやすくなり、情報の本質や相手の真意をより正確に理解できるようになります。

仕事や日常生活でのコミュニケーション力アップにも一役買うはずです。

「行間・空気を読む」という読解

前述の通り、日本は、背景や文脈、状況を踏まえてコミュニケーションを図るハイコンテクストな文化であり、言葉にしない部分にこそ重要な意味が含まれていることが珍しくありません。

これを「行間を読む」、または「空気を読む」とも言います。

言葉の省略や遠回しな表現が多用される日本では、多くの場面で、文字通りの意味だけでなく、その背後にある意図や感情を読み取る必要があります。

これができないと、場にそぐわない言動をしてしまうことや、本質を見誤りコミュニケーションに支障を来《きた》すこともあります。

たとえば、店長が「Aさんには、来週から事務を手伝ってもらいます」と言ったなら、それは「Aさんの接客能力に問題があるから、現場は任せられない」という意味かもしれません。

営業先でお客様がチラチラと腕時計を気にしているようなら、相手が「次の予定があるから急いでもらえますか？」と言わずとも、その空気を読んで手際よく話を進めていく必要があります。

言葉を額面通りに読み解く「表層読解」と、行間や空気を読む「深層読解」は、相容れない矛盾したアプローチに思えるかもしれませんが、両者を駆使できる人が真の読解力巧者です。

まずは素直に「表層読解」を行ない、次に「果たして、この読み解きでいいのか？何か大事な行間や空気を読めていないのでは？」と考える。この二段構えで読解を進めていきましょう。

表情、口調、仕草、ふるまいなど、非言語情報から真意や思惑を見抜く

話を聞く際には、言葉だけでなく、相手の表情や声のトーン、仕草、ジェスチャーなど、いわゆる「非言語情報」にも注意を払う必要があります。

非言語情報を通じて、相手の背後にある感情や意図、本音、思惑などをより正確に読み解くことができるようになります。

とくに、表情や声の変化には注目すべきです。

たとえば、相手がある話題について明るく反応するときは、おそらく、その内容に肯定的な感情を持っているのでしょう。

一方、表情が曇り、声が小さくなるときは、その内容に不快感や否定的な感情を抱いているのかもしれません。

以下はおもな非言語情報と、そこに表現される意味やニュアンスです。

【仕草・ジェスチャー】

手の動きや顔の表情、姿勢など、人はからだの動きで感情や意図を伝えます。

以下はおもなジェスチャーに含まれる意味の例です。

一つひとつの意味とニュアンスをつかむことで、理解が深まりやすくなります。

- **手を振る**：挨拶や歓迎、別れの際の親しみなどを示す
- **手を叩く**：賛同や喜びを示す
- **指差し**：注意を引く、何かを指し示す、特定の人や物事に言及する

・**親指と人差し指でマルを作る**：物事がスムーズに進んでいるときや、「完璧だ」と伝えたいとき、何かを確認したり、相手に同意を示したりするときに使う
・**人差し指を口に当てる**：静かにするよう促す。秘密や内密を示すときもある
・**両手を広げる**：歓迎や受け入れの意思を示す。何かを強調する際にも用いられる
・**手を振り下ろす**：断固たる決断や命令の強調を示す。強い印象を与えるために使われる
・**肩をすくめる**：困惑や驚き、あるいは無知などを示す
・**頭をかく**：恥ずかしさや緊張を示す
・**胸に手を当てる**：感謝や誠意、安心感を示す
・**腕を組む**：防御的な態度や思案していることを示す
・**貧乏ゆすりをする**：不安やイライラを示す
・**手のひらを上にして振る**：開放性や正直さを示す。話し合いや説明の際によく使われる
・**手のひらを下にして振る**：警告や禁止、拒否を示す。しばしば「ダメ」という意味で使われる

【姿勢】

姿勢は、からだの動きやその配置を通じて、相手に意思や感情を伝える非言語コミュニケーションのひとつです。

その人の自信や緊張具合、関心の有無や高低など、さまざまなメッセージを読み解くことができます。

〈立ち方・座り方〉

- **背筋を伸ばして立つ・座る**：自信・礼儀正しさなどを示す
- **ダラダラと立つ・座る**：疲れ、無関心、やる気のなさ、反抗などを示す
- **足を組んで座る**：自信を示す一方で、自己防御的な態度に見えることも。相手をリラックスさせるためのふるまいとして用いられることもある
- **前のめりに座る**：相手への興味、関心、熱意などを示す
- **からだの向き**：相手にからだを向けているときは関心や注意を示す。逆に、背を向けているときは「距離を置きたい」「関わりたくない」などの意思表示であることも

〈**歩き方**〉

・**堂々と歩く**：自信や目的意識の高さを示す

・**だらだらと歩く**：疲労感、無気力さなどを示す

・**急いで歩く**：集中力や行動力、緊張感、高いエネルギーなどを示す。焦っている印象を与えることも

【**視線やアイコンタクト**】

視線を合わせたり逸らしたりすることで、相手への関心や興味、感情、考えなどを示すことがあります。

・**視線を合わせる**：相手への興味・関心を示す。話に集中している状態を示すことも

・**視線を合わせない（逸らす）**：緊張や不安、不満、照れ、気恥ずかしさなどを示す。考え事をしているサインであることも

【声のトーンやピッチ】

声は、しばしばその人の現在の感情や状態を反映します。普段の声との違いを感じることも、相手の心情を見抜くうえで重要です。

- **声の高さ**：高い声は驚きや緊張を、低い声は落ち着きや威厳を示す
- **声の大きさ**：大きな声は強調や怒り、小さな声は謙虚さや秘密を示す
- **話す速さ**：速いしゃべりは緊張や興奮を、ゆっくりしたしゃべりは慎重さや冷静さ、落ち着きを示す

【表情】

表情にはその人の感情が表れやすいものです。

たとえば、微笑むことで好意や親しみを示したり、眉をひそめることで不安や不快を示したりすることがあります。

- **笑顔（微笑み）**：幸福、好意、親しみ、喜び、安堵などを示す

・**しかめっ面（顔をしかめる）**：不機嫌、不快、疑念、怒り、不満などを示す
・**驚きの表情（眉を上げ、目を大きく開き、口を開く。口に手を当てる人も）**：驚き、恐怖、困惑などを示す
・**怒りの表情（眉をひそめ、目を細め、顔の筋肉を緊張させる。顔を赤らめる人も）**：怒り、イライラ、敵意、不満などを示す
・**悲しみの表情（口角を下げ、眉を下げる。目に涙を溜めることも）**：悲しみ、失望、無力感などを示す
・**軽蔑の表情（片方の口角だけを上げることが多い）**：軽蔑や嫌悪、冷笑、さげすみを示す

【パーソナルスペース（物理的な距離や空間）】

相手との物理的な距離感が、その人との親密度や関係性を示すことがあります。

たとえば、近くに寄ると親しみや好意を示し、遠くに離れると慎重さや警戒心を示す、という具合です。

【外見（清潔感を含む）】

外見は、その人の第一印象を大きく左右する要素であり、コミュニケーションにおいて重要な非言語情報を伝えます。

とくに「清潔感」は、相手に信頼感や誠実さを感じさせる基盤となるため、その捉え方が読解に影響を与えることもあります。

〈清潔感〉

整った服装、手入れの行き届いた髪や爪など、清潔感のある外見は、ていねいさや真面目さ、誠実さなどを伝えます。

一方で、不潔な外見は、ルーズさや気配りの欠如を連想させることが多いでしょう。

このような外見の清潔感から、相手の性格や状況、さらにはその場における意図や態度を読み取ることができます。

〈服装〉

服装は、単なる衣服選びの結果ではなく、価値観や社会的立場、状況への適応力を示す非言語的メッセージです。

たとえば、スーツなどの正装は、礼儀や敬意を示す場面で選ばれる一方、カジュアルな服装は快適さやリラックスした姿勢を示します。

相手がどのような場に、どのような服装で臨んでいるかを観察することで、相手の意図やその場への心構えを知る手がかりになります。


【時間との向き合い方】

対人関係における時間の使い方は、敬意と信頼のバロメーターです。

とくに、約束の時間・時期を「守る・破る」ことから得られる情報は少なくありません。

約束の時間・時期を守らない場合、背景に個人的な事情があることもありますが、相手がこちらに興味を持っていない可能性や、こちらを軽視している可能性なども考えられます。

逆に、こちらが（特段の理由なく）約束の時間・時期を破ることは、相手への敬意や興味の欠如、熱意やモチベーションの不足が読み取れるほか、不誠実さや計画性のなさが露呈してしまうこともあります。

対人関係における相手の時間の使い方をよく観察することで、その人の（言葉には表れていない）深層心理を読み解くことができます。


口では「元気だ」と言いながら、具合が悪そうに見える人。「ありがとう」と言いながら、目に感謝の色が見えない人。「不安で仕方ありません」と楽しげな声で話す人――対人における深層読解とは、こうした表面と裏側のズレを見抜き、伝え手の隠れた情報を読み解くことです。

非言語情報に注意を払い、相手の感情や真意、本音をていねいに探ることで、より深い理解にたどり着けるでしょう。

「理解したつもり」を防ぐ

深い理解を目指すなら「考えること」をやめない

「深層」とは、情報や感情、意図などがいくつもの層として折り重なった先にあるものを指します。

表面の層の下には次の層が、その下にはさらに隠された層があり、それぞれが異なる意味や背景を持っています。

中には、層が分厚く、深部にたどり着くのが困難なケースもあります。

こうした深層に向かうためには、「理解したつもり」に陥らない、しなやかな思考や姿勢が求められます。

「もうわかった」と思った瞬間、人はそれ以上に深く考えようとはしなくなります。

「理解したつもり」は、読解における最大の敵です。

情報とは生き物であり、環境や状況、目的によって、その意味は変化します。

Aという情報がA′にアップデートされることもあれば、まったく異なるZへと変化することも珍しくありません。

過去の出来事さえ、その意味づけや価値は、時とともに変化します。

だからこそ、「自分はまだ一部しか理解できていないかもしれない」と思うくらいでちょうどよいのです。

最大理解率を80％に設定しておくことをおすすめします。

自分はまだ80％すら理解していないと思っておくことで、「理解したつもり」の壁を乗り越え、考え続ける姿勢を保つことができるのです。

以下は思考し続ける例です。

・なぜ、◯◯さんはあのような発言をしたのか？

・多くの人がA案を支持する理由は何か？
・世の中では◯◯が正しいと言われているが、それは本当か？
・この方法では、どうしてうまくいかないのか？
・◯◯がなぜブームになっているのか？
・自分の価値観がズレているのではないか？

このように、あらゆる情報に対してさまざまな「問い」を持ち続けることで、脳内の「理解の箱」はアップデートされ、変化し続けます。

ちなみに、「理解の箱」は互いに連動しており、ひとつの箱が変化すれば、それに関連するほかの箱も連動して変わります。

この連動性こそが、「理解の箱」の本質です。

情報や視点の変化を取り込みながら、細胞のように目まぐるしく進化し続けるのです。

半年前の常識が非常識になることも珍しくないこの時代において、「思考停止」や「理解への固執」は、最も避けるべきリスクです。

陳腐化した「理解の箱」はもちろん、洗脳めいた「理解の箱」を持ち続けるリスクを減らしていくことも重要です。

変化を受け入れる柔軟性を持ちながら、常に自分の考えをアップデートする姿勢が、現代に求められる読解力を手に入れるカギとなります。

冗談が伝わらないのは誰のせい？【その1】

深層読解力のある人は、ストレートでわかりやすい冗談だけでなく、わかりにくい変化球の冗談も楽しむことができます。

こうした冗談には、一瞬「ん？」と考えさせる仕掛けが施されていることが多く、その仕掛けを読み解く過程で笑いが生まれます。

このタイプの冗談を理解するには、言葉の裏に隠れた意図や背景に目を向ける必要があります。

また、通常は結びつかない情報同士を関連づけることで、「ズレ」や「落差」の仕掛けに気づくことが求められます。

深層読解力が高い人は、こうしたプロセスをすばやく行ない、表面的な理解を超えた楽しみ方ができるのです。

いきなりですが、次のエピソードに触れてみてください。

ある医師が、患者に咳止め薬と間違えて下剤を処方しました。
5日後、再び病院にやってきた患者に医師が尋ねました。
「どうです？　咳は止まりましたか？」
患者は答えました。
「先生、怖くて咳なんかとてもできません」

いかがでしたか？　あなたの状態は、以下の①～③のどれに当てはまりますか？

①「何の話？」といつまでたってもよくわからなかった

②数秒〜数十秒考えたのち、「そういうことか」とわかった
③読んだ瞬間に「そういうことか！」とわかった

実は、このエピソードは笑い話です。

おもしろいかどうかはさておき――このエピソードを笑い話と捉えられるかどうかで読解力の高低を測ることができます。

直接的には表現されていませんが、患者は下剤を処方されたため、便が出やすい状態になってしまったようです。

咳をするとはずみで便が出てしまう恐れがあるため、咳をしないよう必死に耐えていた――という様子を、読み取れるかがポイントです。

「先生、怖くて咳なんかとてもできません」という発言を目にしたときに、読解力の高い人は、次のような思考プロセスを踏みます。

・どうして咳ができないのか？

⬅

・下剤を飲んだことと関係があるのか？（下剤を飲む＝便が出やすい状態だよね）

⬇

・咳をすると便が出てしまうかもしれない、と、そういうことか！

この思考プロセスを（すばやく）踏める人は、読解力が高い状態であり、この笑い話を楽しめる人です。

一方で、この思考プロセスを（すばやく）踏めない人は、読解力が「やや低い」状態です。

言葉を額面通りに（真面目に）受け取りすぎて、途中で芽生える違和感を「冗談」へと変換できていないのです。

言葉の奥にある情報が見えておらず（あるいは見ようとせず）、なおかつ、情報と情報を結ぶ回路もショートしてしまっている状態です。

先ほどのエピソードを冗談として楽しめる人は、「理解の箱」が活性化しており、なおかつ、箱と箱とをつなげられる「論理的な思考」の持ち主です。

とくに、「下剤」と「咳」を結びつける思考プロセスは極めて重要です。

なぜなら、「咳をしたときにお腹に力が入る→お腹に力が入ると便が漏れてしまう」という論理的な流れを捉えられなければ、この笑い話を理解できないからです。

このエピソードを耳にした際、あなたがキョトンとしていたなら、笑いは成立しません。

話した相手は、もしかすると「これくらいの冗談もわからない程度の読解力しかないのか……」とがっかりしてしまうかもしれません。

余談ですが、先ほどの下剤のエピソードには、さらに深層領域での「おかしみ」が含まれている気がします。

それは、下剤を処方した結果、図らずも咳を止めることができてしまった、という点です。

先ほどのエピソードの結びは、患者の「先生、怖くて咳なんかとてもできません」でした。とてもきれいなオチだと思うのですが、その直後に医師が次のような言葉を言ったとしたらどうでしょう。

「そうでしょうね。だから、下剤を飲ませたのです」

この言葉を入れることで、医師が「(間違えたように見せかけて)意図的に下剤を処方した」という、ちょっぴりホラーで衝撃的な展開へと変化します。

もちろん、展開の好き嫌いはあるでしょうが、この話が「ブラックユーモアである」という骨格を読み解けるか否かは、読解力の差と言うことができます。

ドラマや映画、映像の読解で大事なこと

悲しみと絶望の中にいる主人公が、快晴の街を歩いているのと、大雨に打たれずぶ濡れになっているのとでは、どちらが映画としてしっくりきますか?

また、その主人公が、明るい照明の部屋にいるのと、暗い部屋にいるのとでは、どちらが物語にふさわしいでしょうか?

おそらく、いずれの答えも後者でしょう。

物語では、主人公の言葉や行動だけではなく、周辺の情景描写や状況描写を通じても

心情が表現されることがよくあります。

太陽の光は「希望」「幸福」「再スタート」、霧に包まれているときは「不確かさ」「混乱」「神秘」などを暗示することがあります。

トンネルが「異世界への出発」「産道」のメタファーとして使われることもあれば、鏡は「真実」や「二面性」を象徴することもあります。

部屋のインテリアや調度品、さらには音楽や効果音も、登場人物の心情や場の雰囲気を伝える重要な要素です。

たとえば、「この人の心情はどうなのだろう?」と思ったとき、流れている音楽や効果音に耳を傾けると、大まかな感情の方向性が見えてくることがあります。

つまり、仮に言語や表情でストレートに登場人物の心情が表現されていなかったとしても、情景描写や音楽演出などから、心情をうかがうことができるわけです。

こうした映像表現を通じて、登場人物の心理・心情を見抜く力もまた、「読解力」と言えるでしょう。

冗談が伝わらないのは誰のせい？【その２】

以前、あるラジオ番組で、芸人さんが４コマ漫画『コボちゃん』の、あるエピソードを取り上げました。

この四コマのオチがわかる人とわからない人がいると言うのです。

あなたも、まずは自分の頭で考えてみましょう。

© 植田まさし/読売新聞社

すぐにわかった方、しばらくしてわかった方、さっぱりわからない方、いろいろかと思います。

解説をしますと、コボちゃんがコンセントの形状を見たときに、その見た目が「土俵」に似ていたため「相撲」を思い浮かべた、というわけです。

この読解にも、もちろん「理解の箱」が関わってきます。

相撲が好きな方であれば、当然、土俵の形が頭に入っているはずなので、コンセントの形状が土俵に似ていると気づく可能性は高いでしょう。

一方で、相撲にまったく興味がなく、ほとんど相撲の中継を見ない人なら、気づく可能性は低めかもしれません。

このように、四コマ漫画に接するときですら、「理解の箱」や、言葉で表現されていない情報（＝行間）を読み解く力が求められているわけです。

もっとも、相撲が好きな人の中にも、わからなかった人はいるかもしれません。

そういう人は、「理解の箱」はあったけれど、「コンセントの形状＝土俵」という比喩的な発想をする柔軟性や、情報を結びつける直感力が不足していたということです。

本書に載せているさまざまな考え方やトレーニングを取り入れて、「理解の箱」を活性化させていきましょう。

皮肉も笑いと同じメカニズム

なお、笑い話だけでなく、皮肉にも同じ性質があります。

遅刻をしてきたあなたに対し、上司が「今日も重役出勤か」と言ったときに、「重役？自分は平社員だけど」と思ったとしたら、そこに込めた「重役でもないのに重役のように遅れて来やがって！」という皮肉は伝わらなくなります。

このように、笑いや皮肉というのは、実は、伝え手の技量だけではなく、受け手の読解力も高くなければ成立しないものなのです。

世の中の話や文章が、すべて直接的に表現されているわけではありません。中には、直接表現を避けて真意や本音を伝えているものもあります。冗談や皮肉は、まさしくその代表例です。

逆に言えば、普段から笑いや皮肉、ブラックユーモアなどに触れることは、行間や空気を読み解く絶好の稽古になります。

「理解の箱」を増やすだけでなく、「置き換え」や「転用」「類推」など、箱と箱を論理的に結びつける意識を持ちながら、言葉の裏に隠れている真意や本音、含みなどを見抜いていきましょう。

オブラートに包まれた表現たち

日本語のコミュニケーションでは、意識的に直接的な表現を避けて、あいまいな言い方や、奥歯にものが挟まったような言い方をする人もいます。

こうした「オブラートに包まれた表現」の真意を読み解くことも、読解力が果たす役割のひとつです。

①検討します

私：「御社に必要な提案だと自負しています」

相手：「わかりました。検討いたします」

一見、前向きに提案を受け入れているようにも見えますが、実際には「その提案を受け入れるつもりはない」、という意味であることも珍しくありません。

②一理ありますね

私：「市場のニーズが弱まってきたことが、売上低迷につながっているのでしょう」

相手：「たしかに一理ありますね」

相手の意見に賛同しているようにも見えますが、実際には「それもそうかもしれないが、あまり重要ではない（ほかにもっと大事なことがある）」というニュアンスを含んでいることも多いです。

③悪くはないですね

私：「このような提案プランを考えてみました」

相手：「悪くはないですね」

提案を容認しているようにも聞こえますが、実際には「積極的に良いとは思っていない（もっと良くできる）」という消極的なニュアンスを含んでいます。

④個性的ですね

私：「このデザイン、どう思いますか？」

相手：「個性的ですね」

解釈の幅が広い表現です。

その言葉が本当にポジティブな評価を意味するのか、あるいは、少し批判的な意味を含んでいるのかを読み解く必要があります。

中には「ダサい」とは言えないため、「個性的」という言葉に逃げる人もいます。

⑤お時間のある際に

メールでの依頼：「お時間のある際に、ご確認いただけますと助かります」

実際の意図：（忙しいとは思うけど、なるべく早く確認してほしい）

「急いでいない」という雰囲気を醸しつつ、実際は「早く対応してほしい」という要望を暗示していることがあります。

⑥行けたら行きます

私：「今週末、みんなで集まるんだけど、どう？」

相手：「行けたら行くね」

「行けたら行く」は、可能性を示す言葉ですが、実際には「行くつもりはない／行きたくない」という気持ちを含んでいることも多いです。

⑦ちょっと難しいですね

私：「納期の期限を前倒しできますか？」

相手：「うーん、ちょっと難しいですね」

直接的に「できません」と言う代わりに、「ちょっと難しいですね」と表現することで、拒否の意思をやんわりと伝える表現です。

⑧少し気になるところがあります

私：「取りまとめたレポートを見ていただけますか？」

相手：「確認しましたが、少し気になるところがあります」

「問題がある」と直接指摘する代わりに、「気になるところがある」と表現することで、指摘の強さを和らげています。

以下の6つのポイントを意識することで、オブラートに包まれた表現を読み解く力を高めることができます。

❶オブラートに包まれた表現リストを把握する

日本人が使いがちな「遠回しな言い方」や「あいまいな表現」を、あらかじめ知っておくことが大事です。先ほど挙げた①～⑧はその代表例です。

❷文脈を読む

言葉の前後関係をていねいに見て、どのような文脈でその言葉が発せられたかを探る必要があります。

オブラートに包まれた表現に続いて「ただし～」「一方で～」「ほかにも～」のような言葉で、少しずつ本音を見せてくるケースもあります。

❸非言語情報を読む

相手がその表現を使う際の声の大きさや口調、表情、態度、視線などを注視することで、本音や真意を読み解きやすくなります。

「悪くないですね」と言うその表情が曇っているとしたら、あるいは、その声に明るさや張りがないとしたら、その言葉に「含み」があると推測できます。

❹確認・質問する

あいまいな表現に対しては、放置せず、確認することも大切です。

「いつまでにお返事いただけますか？」「改善希望点はありますか？」「具体的にはどういうことですか？」のように質問することで、具体的な情報や相手の真意を引き出しやすくなります。

❺相手の立場に立つ

「自分が相手だったらどうするか？」という視点を持ちつつ、相手がなぜそのような表現を選んだのか、その背景や意図を探っていきましょう。

相手の立場や状況への理解を深めることによって、真意や本音が見えやすくなります。

❻似た場面を思い出す

過去の似た場面を思い出し、そのときに使われた表現との類似点や相違点を見ていくことで、今回のケースのオブラートの厚みがわかり、その対処法を講じやすくなります。

読解力が人間関係を左右する

パートナーの「今日、忙しい？」の読み解き方

恋愛関係や夫婦関係など、おもに男女関係においては、表層読解だけでは足りず、言葉の裏にある本当の気持ちを察することが求められます。

たとえば、恋愛関係や夫婦関係にあるパートナーが「今日、忙しい？」と尋ねてきたとき、その裏には「今日、一緒に過ごしたい」「今日、何か一緒にしたい」のような願望が隠れていることがあります。

そのような気持ちに気づかずに返答をしてしまうと、相手の気分を害してしまうかもしれません。

【ダメな返答例】

「なんで？」「忙しいよ」「忙しいって言ったよね？」

【良い返答例】

「少し忙しいけど、どうしたの？」

「ちょっと立て込んでるけど、何かあれば時間つくれるよ」

ダメな返答例は、相手に対する無関心や冷たさを感じさせます。相手は「こちらの気持ちを理解してくれていない」と感じるかもしれません。

一方、良い返答例は、相手に対して関心をもち、柔軟な対応を示しています。

恋愛関係や夫婦関係においては、常に言葉の裏に隠された「相手の願望」に注意を払うことが大切です。

もちろん、前後の文脈を理解するほか、対面や電話であれば、相手の表情や声のトーン、仕草などの非言語情報にも注意を向けましょう。

女性：「今日、忙しい？」
男性：「少し忙しいけど、どうしたの？」
女性：「いや、なんでもない」
男性：「○○○○○○○○」

あなたがもし男性なら、どう返答しますか？

「OK」や「わかった」「了解」のような返答は良いとは言えません。

本当に「なんでもない」のであれば、わざわざ「今日、忙しい？」とは聞いてこないでしょう。

せめて「本当に大丈夫？」と再確認する必要があります。

もちろん、「大丈夫？　時間つくろうか？」や「大丈夫？　時間つくるから、もし良かったら会わない？」のような返しも良い返答です。

とくに男性の場合、女性の言葉を額面通りに受け取って関係性をこじらせてしまうことが少なくありません。

いわゆる「男女脳」の賢い使い方

俗に言う「男性脳」と「女性脳」の違い。この違いを理解しておくことは、少なからずパートナーの真意を読み解く手がかりとなります。

この「男性脳」と「女性脳」は、必ずしもすべての男性や女性に当てはまるわけではなく、あくまでも傾向にすぎません。

ジョン・グレイの世界的ベストセラー書籍『ベスト・パートナーになるために：男は火星から、女は金星からやってきた』（三笠書房）を参考に、そのエッセンスを共有します。

男性脳：認められたい／挫折を恐れる
女性脳：愛されたい（大切にされたい）／拒絶を恐れる

この違いを知っていれば、相手への態度や、かける言葉に工夫が生まれます。

また、相手が求めているもの（欲求や要求）を、相手の態度や言葉から読み解きやすくなります。

ちなみに、男性脳タイプには「スゴい！」「さすが！」のように評価する言葉が喜ばれ、女性脳タイプには「心強い」「いてくれて嬉しい」「助かります」のように包み込むような言葉が有効です。

男性脳：解決したがる
女性脳：共感を求める

男女間で喧嘩が起きやすい傾向のひとつに、女性が話を聞いてもらいたくて話をしている際に、男性がその内容を「それは君が悪い」のようにジャッジし、解決策を示そうとするケースがあります。

しかし、そうしたジャッジや解決策は、女性の癇《かん》に障ります。

女性脳タイプが求めているのは共感であり、「うんうん」と真剣にこちらの話を聞いてもらう姿勢だからです。

男性脳タイプは、女性脳タイプが論理的な正しさを求めていないことに気づく必要があります。

一方で、女性脳タイプは「男性脳タイプは、良かれと思って解決策を示してくれている」ことを理解していれば、イラッとする気持ちを抑えることができるでしょう。

もちろん、「男性脳・女性脳」の考え方にとらわれすぎることも良くありません。「理解の箱」として頭の片隅に入れておきながら、よく相手を観察し、それぞれの性格やその場の文脈、非言語情報、微細な気持ちなどを汲み取ることが重要です。

対人読解では相手の劣等感を察知せよ

人と信頼関係を築くためには、「相手が嫌だと思うことは言わない」という極めてシンプルな原則を守る必要があります。

「嫌だと思うこと」の根っこには、ほとんどの場合、劣等感（コンプレックス）があります。

身体的な特徴から学歴や職歴、離婚歴、収入に至るまで、劣等感の種類はさまざまです。

劣等感は、他者との比較や自己評価の低さから生まれるもので、そこを突かれることで、引け目や恥ずかしさを感じたり、怒りを覚えたりする人もいます。

このような感情は、普段は隠されていますが、こちらの言動や態度により表面化することがよくあります。

劣等感を持つ人は、無意識のうちにその部分に触れられることを避けようとする傾向があります。

この「避ける行動」に注目することが、地雷を踏まないための第一歩です。

一例を挙げましょう。AさんとBさんは次のような話をしました。

Aさん：「先日、藤田さんのご家族にお会いしたんですけど、親子関係が本当にすばらしくて理想的だなあ、とうらやましく思っちゃいました」

Bさん：「そうなんだあ。ところで、この後どうする？」

「うらやましく思った」と素直に言えるAさんは、おそらく家族や親子関係に（物足りなさは感じていたとしても）劣等感を抱いてはいないでしょう。

一方、「藤田さんご家族」の話に興味がなさそうで、話題を逸らそうとするBさんは、もしかすると、親子関係に何かしらの劣等感を抱いているかもしれません。

自分が気にしていないから相手も気にしていないだろう、と考えるのは大きな間違いです。劣等感は人それぞれ異なります。

もちろん、少しの会話で相手の劣等感の有無や強弱を見抜くのは簡単ではありません。

しかし、相手の言語や非言語情報から、その傾向を察知することはできます。

たとえば、夏にビーチに行ったとき、Cさんは露出の多いビキニ姿で、少しぽっこりしたお腹を堂々とさらしています。

一方、Dさんは露出少なめの水着の上からさらにラッシュガードもつけてからだのラインが出ないようにしています。

このような場合に、「もしかしたらDさんは太っていることに劣等感を抱いているかもしれない（＝体形の話題は避けたほうがよさそう）」と推測することができます。

劣等感に触れないためには、相手の言動をよく観察するほか、表情や声のトーン、態度などの非言語情報から感情を読み取ることも大事です。

話題が変わった途端に目を逸らしたり、表情が曇ったり、声のトーンが沈んだりした場合、その話題に対して敏感になっている可能性があります。

また、劣等感に関する話題は、過去の発言から推測できることもあります。

以前、特定の話題に対して消極的だったことや不快感を示したことを思い出したなら、その話題に触れることには慎重になるべきです。

劣等感を刺激しやすい話題の場合、直接的な質問を避ける意識も重要です。

初対面の相手にいきなり「お勤めの会社は?」と聞くよりも、「どんなお仕事をされているんですか?」くらいの聞き方のほうが、相手も返答しやすいはずです。

その流れの中で具体的な社名が出てきたなら、とくに勤め先に劣等感はない、と判断できますし、控えめに「メーカー系です」のような返し方をしてきたなら、わざわざ会社名を聞く必要はないでしょう。

読解力が高い人は、相手の劣等感に触れずに良好な人間関係を築けるものです。
言語・非言語を問わず、いつでも相手が発するサインに意識を向けましょう。

【究極の読解力！】「相手は宇宙人」と思う

あなたの前に宇宙人が現れました。とくにこちらに危害を加える気配はありません。あなたはどうしますか？

おそらく必死に頭を回転させて、この宇宙人は何を思い、何を考えているのか？　何を目的としているのか？　などと考えるでしょう。

相手は宇宙人ですから、人間の常識を当てはめても仕方ありません。

あなたは相手の立場に立ち、その言動を注意深く観察するでしょう。

——と、宇宙人について書きましたが、筆者が対人読解において有効だと思っている基本姿勢は、この考え方です。

つまり、仮に相手が人間であっても「相手を宇宙人だと思う」ということです。

あなたがよく理解していると思っている人も、長年連れ添ってきた人も、信頼を寄せている人も、あなたの理解が及ばないほど多面的であり、複雑であり、その深層も計り知れません。

理解しているどころか、あなたに見えている相手の情報は、ほんの数%にすぎないかもしれないのです。

相手も自分と同じ人間だ。理解できるに違いない――と思った瞬間から、相手の立場に立つ気持ちが薄れます。

そして、「自分と同じ人間なのだから」と自分の価値観や経験に当てはめて考えようとするのです。

残念ながら、この姿勢では深層を読み解くことはできません。

「この人は苦手だなあ」「この人の発言は理解しがたい」「いったい何なの、この人は?」と思うことが多い人は、なおのこと「相手を宇宙人だと思う」を実践してみましょう。

宇宙人であるがゆえに、何を考えているのかわからないのは当然のことです。

そんな相手に、自分の価値観や常識を押しつけようとはしないでしょう。

宇宙人にそんなことをしてもムダだからです。

もちろん、宇宙人だから理解するのを諦めよう、と言いたいわけではありません。むしろその逆で、宇宙人だからこそ、自分都合の読解ではなく、徹底的に相手の立場に立って相手の考えや気持ちに意識を向けていこう、という提案です。

認知バイアスに注意する

非合理的な判断を引き起こす心理現象

これまでもお伝えしてきた通り、私たちは「理解の箱」を用いながら物事や情報を理解しています。

しかし、そこには落とし穴もあります。それが「認知バイアス」です。

「認知バイアス」とは、偏見や先入観、思い込み、決めつけによって物事の見方や解釈が歪められ、非合理的な判断を引き起こす心理現象です。

「理解の箱」がなければ物事を読み解いていくことはできませんが、その「理解の箱」がバイアスとして〈悪さ〉をすることもあるのです。

【確証バイアス】

例：あなたが、ある政治的な意見を支持しているとします。すると、ニュースやＳＮＳでその意見を支持する情報ばかりに注目し、反対の意見やデータを無視する傾向が強まります。

対策：自分とは反対の意見にも積極的に耳を傾けましょう。たとえば、ニュースを読む際には、異なる立場のメディアをいくつか読むといいでしょう。また、友人や家族と話をする際にも、自分とは異なる視点や意見に目を向けて、それらを安易にジャッジすることなく、まずは偏見なく受け止める気持ちが大切です。

【正常性バイアス】

例：危険な自然災害が迫っているにもかかわらず、「自分は大丈夫」と思い込み、適切な対策を取らない場合があります。

対策：そのことに詳しい人の意見に耳を傾けつつ、冷静に状況を観察・評価しながら行動しましょう。たとえば、地震や台風のリスクが高まっているときであれば、過去の事例や統計データなども参考にして準備を整えましょう。何より「自分は大丈夫」という根拠のない自信を疑ってかかる意識が大切です。

【現状維持バイアス】

例：長年使っているサービスに満足していないにもかかわらず、「今のままでいい」と思い、新しいサービスへの切り替えをためらっている状況（＝現状維持）です。変化することが面倒くさく感じられ、現状を維持する道を選んでしまうのです。

対策：今の状況が本当に最適かどうかを冷静にチェックし、最適でないと判断した際には、変化を恐れず行動することが重要です。たとえば、ほかのサービスと比較して、今のサービスよりも良いと感じたなら、切り替えを検討しましょう。

【生存者バイアス】

例：成功した起業家の話を聞いて、「自分も同じ方法で成功できる」と実践するも、思うように結果が出ないケースがあります。成功した人の例だけに注目し、同じ方法で失敗した多くの人たちの存在を見落としています。

対策：成功例だけでなく、失敗例やそれに至った原因を調べることが大切です。成功した人たちの背後には、同じ道を歩んで失敗した人たちがいることを認識することで、広い視点で物事を評価・判断できるようになります。

【サンクコスト効果】

例：英会話スクールに高額な受講料を支払ったものの、授業の効果が薄いと感じています。しかし、「せっかく高いお金を払ったのに通わないのはもったいないから」と、惰性で通い続けてしまうことがあります。

対策：過去にどれだけお金や時間をかけたかにかかわらず、現在の状況に基づいて最適な選択をする必要があります。たとえば、英会話の習得を目指すなら、ほかの学習方法の評判などを調べ、より効果的な手段を選び直すことが肝心。「もったいない」という感情が、公平に物事を読み解く目を曇らせる恐れがあります。

【フレーミング効果】

例：ある商品の宣伝文句が「90％の成功率」だった場合と、「10％の失敗率」だった場合では、前者のほうが、受け手に好意的に受け取られる傾向が強まります。

対策：その情報がどのように提示されているかに注目・分析したうえで、同じ事実を異なる表現で言い換えられないか考えてみましょう。とくに、ビジネスが絡んでいる場合は、好意的に見てもらいたいがゆえにその表現が使われていることもよくあります。

【ハロー効果】

例：その人が語学堪能だからといって、語学以外の能力も優れていると思い込んでしまうようなケースです。一部の特徴的な印象に引きずられて、全体の評価が歪められてしまうとしたら、それは適切な読解とは言えなくなります。

対策：ひとつの良い印象だけで全体を判断せず、冷静に個々の特徴を評価することが重要です。たとえば、その人の専門分野や実績を個別に評価し、偏った見方を避けるようにしましょう。全体像を正しく把握するために、複数の角度から情報を集めることも有効です。

【エコーチェンバー】

例：ＳＮＳで同じ意見を持つ人たちとだけ交流していると、自分の意見が世間全体で広く支持されていると錯覚したり、自分の考えが「正しい」「多数派だ」と信じ込んでしまったりする可能性があります。また、同じ意見を見聞きすることによって、それ以外の認識が間違っていると思い込みがちです。

対策：自分と異なる意見を持つ人たちとの交流を意識的に増やし、さまざまな視点から情報を集めることが大切です。たとえば、ＳＮＳで異なる意見の投稿をフォローするほか、異なる立場のメディアから情報を得るようにすることで、自分の偏った思考のクセを直し、よりバランスの取れた判断ができるようになります。

認知バイアスによる誤った読解を防ぐには、人間が「認知バイアス」を持つ生き物であると自覚することです。

新しい情報に触れたり、何かしらの判断を迫られたりする際には、一度立ち止まって「認知バイアスはかかっていないか?」と自問自答することが大切です。

「偏見」や「思い込み」を緩和することによって(あるいは手放すことによって)、よりフラットな読解をすることができます。

なお、「バイアスがかかっている!」と思い込みすぎるのも、またバイアスです。常に高い視点から(俯瞰して)、物事を公平に見るよう心がけましょう。

「理解の箱」の魔力に注意する

バイアスについて、少し違う角度から例を紹介します。

近年、ビジネスシーンでは、「結論を先に伝えよう」という結論ファーストが推奨されています。

たしかに、先に結論を示す伝え方は、スピード感あふれる社会にマッチしています。しかし、読解という観点から見ると、このスタイルにはいくつかの懸念点があります。情報を受ける側としても、結論を先に把握できるのはありがたいことですが、先に結論を知ることで、その結論を過度に信じてしまう傾向があるのです。

本来、結論の正否が決まるのは、そこに至るまでの論理展開次第です。結論を支持する理由や根拠、データを検証したあとで、その結論が正しいかを判断するのが正しい読解プロセスです。

しかし、先に結論を把握することで、（とくに読解力が低い人たちは）そのあとに続く論理展開のチェックを怠り「その結論が正しい」と思い込んでしまうのです。

近年、童話『桃太郎』について、「鬼は何もしていないのに、桃太郎の鬼退治は侵略ではないか」という新しい解釈が注目されています。

この意見はたしかに興味深く、私たちが子どもの頃から「桃太郎＝ヒーロー（善）」、鬼＝ヒール（悪）」と刷り込まれてきた、ある種の「理解の箱」をパカーンと割ってくれました。

しかし一方で、この解釈が広まると、新たな「理解の箱」が形成されます。「桃太郎＝侵略者（悪）」という箱です。

やがて、この視点が桃太郎の唯一の正しい解釈として受け入れられてしまうかもしれません。

これは、私たちがどれだけ強い結論や流行りの解釈に流され、みずからの読解力を放棄しているかを示しています。

思考停止状態、つまり「理解したつもり」の壁を乗り越えられていない状態です。

くり返しになりますが、「理解の箱」なくして私たちの読解力を高めることはできません。

一方で、その「理解の箱」への過度な依存や盲信が、誤った読解を招くことがあることも自覚していなければいけないのです。

おわりに

「読解力」というブラックボックスの中身は、いかがでしたか？

本書を読み終えたあなたであれば、読解力が、ほかのあらゆる能力やスキルを総動員して使われる能力であることをご理解いただけたことでしょう。

野球がうまくなりたいなら、バッティングを磨く、スローイングを磨く、キャッチングを磨く、走力をつける。持久力をつける。動体視力を高める。関節の可動域を広げる——取り組むべきことが多岐にわたります。

読解力も同じです。観察力、推測力、語彙力、論理的思考、批判的思考など、さまざまな能力アップに取り組んでいく必要があります。

どんな能力でも、「取り組めるまで分解して考えること」が重要であり、それこそが物事を上達へと向かわせる、まさしく「本質」です。

本書では、読解力を高めたいあなたに、確実に取り組んでいただきたい事柄を分解して示しました。

あとはあなた次第です。本書でお伝えした、一つひとつの事柄への意識を高め、実際に取り組むことによって、誰でも確実に読解力を高めていくことができます。

自分自身に期待しながら、読解力巧者への道を歩んでもらえたら嬉しいです。


本書の執筆に際し、企画から編集までSBクリエイティブの吉尾太一さんにお世話になりました。ありがとうございます。

また、妻の朋子と娘の桃果にも感謝を。家庭内での言葉のキャッチボールなくして読解力の向上はありませんでした。

そして、読者のあなた。読解力は誰でも、そして、いつからでも伸ばしていくことができます。本質をバシッと読み解く力をつけることによって、仕事や人間関係を含む人生全般で大きなリターンを得られるはずです。

うまくいかないときは、何度でもこの本に立ち返ってください。

本書はいつでも、読解力を高めたいあなたの味方です。

山口拓朗

著者略歴

山口拓朗（やまぐち・たくろう）

伝える力【話す・書く】研究所所長/山口拓朗ライティングサロン主宰
出版社で編集者・記者を務めたのちライター＆インタビュアーとして独立。27年間で3800件以上の取材・執筆歴がある。現在は執筆や講演、研修を通じて「論理的に伝わる文章の書き方」「好意と信頼を獲得する伝え方の技術」「『うまく言葉にできない』がなくなる言語化強化法」など実践的なノウハウを提供。2016年からアクティブフォロワー数400万人の中国企業「行動派」に招聘され、北京ほか6都市で「Super Writer養成講座」を23期開催。著書に『9割捨てて10倍伝わる「要約力」』（日本実業出版社）、『思い通りに速く書ける人の文章のスゴ技BEST100』（明日香出版社）、『書かずに文章がうまくなるトレーニング』（サンマーク出版）、『「うまく言葉にできない」がなくなる 言語化大全』（ダイヤモンド社）など31冊。中国、台湾、韓国など海外でも25冊以上が翻訳されている。NHK「あさイチ」などのテレビ出演も。

読解力《どっかいりょく》は最強《さいきょう》の知性《ちせい》である
1%の本質《ほんしつ》を一瞬《いっしゅん》でつかむ技術《ぎじゅつ》

2025年3月21日　初版第1刷発行
2025年6月30日　初版第5刷発行

著　者　山口拓朗
発行者　出井貴完
発行所　SBクリエイティブ株式会社
〒105-0001　東京都港区虎ノ門2-2-1
装　丁　小口翔平＋後藤 司（tobufune）
本文デザイン　相原真理子
編集協力　田谷裕章
D T P　アーティザンカンパニー株式会社
校　正　有限会社ペーパーハウス
編集担当　吉尾太一
印刷・製本　中央精版印刷株式会社

本書をお読みになったご意見・ご感想を
下記URL、またはQRコードよりお寄せください。

https://isbn2.sbcr.jp/28208

落丁本、乱丁本は小社営業部にてお取り替えいたします。定価はカバーに記載されております。本書の内容に関するご質問等は、小社学芸書籍編集部まで必ず書面にてご連絡いただきますようお願いいたします。

ISBN978-4-8156-2820-8